职场高手

张玲◎编著

国文出版社

·北京·

图书在版编目（CIP）数据

职场高手 / 张玲编著 . -- 北京：国文出版社，
2025. -- ISBN 978-7-5125-2000-4

Ⅰ . C913.2-49

中国国家版本馆 CIP 数据核字第 20254AX168 号

职场高手

编　著	张　玲
责任编辑	杜思耘
责任校对	张　羽
出版发行	国文出版社
经　销	全国新华书店
印　刷	三河市同力彩印有限公司

开　本　880毫米×1230毫米　　　32开
　　　　　5印张　　　　　　　　105千字

版　次　2025年7月第1版
　　　　　2025年7月第1次印刷

书　号　ISBN 978-7-5125-2000-4

定　价　59.80元

国文出版社
北京市朝阳区东土城路乙9号　　邮编：100013
总编室：（010）64270995　　　传真：（010）64270995
销售热线：（010）64271187
传真：（010）64271187-800
E-mail: icpc@95777.sina.net

目 录
CONTENTS

第一章

职场新人的困窘与觉醒

第一节 校园到职场的破茧时刻

即将走出校园的年轻人，面对社会这所新学堂时，内心往往交织着兴奋与不安。他们既期待通过工作实现自我价值和经济独立，又对职场中的人际关系、工作压力、职业发展等现实问题感到忧虑。现实不会为任何人准备"入职彩排"，也无法提前模拟每一次职业考验——仿佛一夜之间，他们就从象牙塔的沙盘推演入职场的棋局。

认清并驾驭从学习者到职场人的角色转换，成了每一位毕业生绕不开的必修课。就如同破茧成蝶，唯有在阵痛中完成蜕变，才能展翅飞翔。那么，如何尽可能缩短这段磨合期，让自己更快地成长为一名合格的职场人呢？

1. 环境差异：从自由到自律

校园生活中，学生可以根据个人兴趣选择课程，时间安排较为灵活，社交活动丰富多彩。然而，职场全然是另一番景象。规则无处不在，从朝九晚五的考勤制度，到严谨规范的工作流程，再到明确细致的绩效考核，每一步都像是被设定好程序的精密齿轮，必须无缝衔接、高效运转。这对于习惯了自由氛围的学生来说，无疑是一种巨大的挑战。

转变原则： 需要认识到职场规则的存在是为了保证团队高效运作和实现组织目标。学会适应并遵守这些规则，是融入职场的第一步。同时，也要学会在规则框架内寻找个人发展的空间，比如通过提高工作效率争取更多的自主权。

2. 心理落差：理想与现实的碰撞

我们都曾怀揣梦想，以为凭借自己的才华与热情就可以迅速崭露头角、改变世界。然而，职场中的工作任务往往琐碎，那些曾经在校园里构想的宏伟理想，似乎被淹没在日复一日的文档处理、数据核对、会议安排等事务中。这种理想与现实的巨大反差，往往让人感到沮丧，甚至产生自我怀疑。

转变原则： 调整期望值，理解任何伟大的事业都需要从基础做起。将大目标分解为小步骤，每一步都踏实走好，逐步积累经验并提升能力。同时，保持学习的热情，不断提升自我，寻找机会展现自己的价值。记住，每一个微小的努力都是通往梦想的基石。

3. 角色转变：从学习者到职场人

学生时代，我们以学习者的身份出现，强调的是知识的吸收。而在职场，我们开始被期望创造价值，被赋予具体的岗位职责，需要承担对团队、公司乃至客户的责任。从学习者到职场人，意味着从一个学习者变成一个执行者。

转变原则： 主动承担责任，学会换位思考，理解公司和团队的目标，将个人成长融入集体发展中。培养良好的职业素养，如时间管理、有效沟通、情绪控制等，是职场成功的关键。建立积极的人际关系网，寻求导师的指导，可以加快个人职业生涯的发展。

4. 面对迷茫：寻找方向与调整心态

初入职场，面对职业路径的多样性和不确定性，很多人会感到迷茫，不确定自己的职业定位和发展方向。加之工作初期的压力和挫败感，很容易让人产生逃避或放弃的念头。

转变原则： 首先，进行自我探索，明确自己的兴趣、优势和价值观，这是职业规划的基础。其次，保持开放的心态，勇于尝试不同的工作，通过实践发现自己的兴趣所在和职业潜能。再次，设定短期和长期的职业目标，制订实现这些目标的行动计划，逐步消除迷茫感。最后，要学会自我激励，保持乐观的心态，面对挑战时保持韧劲，视困难为成长的契机。

5. 职场真相：平衡利益与个人价值

年轻人进入职场追求职业发展和薪酬回报，但职业活动的容错率较低，错误的后果需要有人来承担。这种情况，可能会令追求个人理想和情怀的新人感到不适。

转变原则： 理解并接受职场的这一本质，要寻找个人价值与公司利益之间的平衡点，不断提升自己的专业技能和贡献度，使自己成为公司不可或缺的一部分，从而在实现组织目标的同时，也促进个人的职业发展。记住，从长期来看，个人价值的提升与公司的成功是相辅相成的。

总的来说，从校园到职场的转变是一个充满挑战与机遇的过程。我们应先调整心态，正视、接纳现实，恰当地评价自己，一切从零开始，以积极的态度做好角色转换，走出迷茫，掌握适应社会的技能，迅速融入社会，实现从校门到职场的成功跨越。

找准方向，调整心态

 **场景 1　被安排紧急且陌生的任务**

 青铜

☆我没做过，完全不会啊。

 **王者**

★领导，虽说这任务来得突然，我又不太熟悉，但我愿意试试！从校园到职场就是挑战升级，正好借此机会锻炼自己。我马上去了解相关内容，遇到问题及时向您和前辈们请教，尽全力在规定时间内完成，绝不敷衍。

★感谢领导给我这个机会！虽说目前我经验欠缺，面对陌生任务有点发怵，不过校园生活教会我要迎难而上，我现在就去收集资料、梳理思路、制订计划。工作过程中要是碰到难题，我就虚心向同事求教，争取出色地完成任务。

★没问题，领导！刚出校园，还没碰上过这么紧急的活儿，心里有点慌。但我会迅速调整状态，拿出写毕业论文的劲头，边干边摸索。要是在工作过程中有拿不准的，还望您多给些指导，我一定不辜负您的期望。

 **场景2 第一天上班迟到**

 青铜

☆就晚了一小会儿，有什么要紧。

 王者

★真的特别抱歉，第一天就迟到，让大家见笑了。我第一次走这条路，没把握好通勤时长。我已经重新规划路线，准备骑自行车避开拥堵，也将调整作息，提前起床，一定尽快适应工作节奏，还望大家海涵。

★很惭愧以这样的方式开启职场第一天，我真诚地向大家道歉。以后我每晚睡前都会做好次日安排，多预留缓冲时间，保证不再迟到。

 **参加冗长且专业的会议，完全跟不上思路**

 **青铜**

☆这会议比上课还无聊，一点儿也听不懂。算了，先偷个懒吧！

王者

★真的很感谢组织会议，让我见识到行业的深度。初入职场，面对复杂的议题，发现思路完全跟不上。我准备会后复盘，把还不清楚的内容列出来，找同事讨论，慢慢融入专业交流，跟上团队的思维。

 **办公用品申请流程烦琐**

 青铜

☆烦死了，这个申请流程也太复杂了，领东西这么费劲！

 王者

★申请流程有些烦琐，刚开始我确实太急躁了。可冷静想想，公司的规范和制度必有其道理。我会仔细研究申请要求，提前规划需求，按规定提交申请，同时也给行政部门提些优化建议，方便大家工作。

 **场景 5　领导要求加班完成紧急任务**

 青铜

☆凭什么加班?

 王者

★领导，我刚从校园步入职场，乍一听加班有点发怵。但任务紧急，加班是当下最优解。我这就调整状态，把手头的事情安排好，全身心投入，高效利用时间，保证质量，跟大家齐心协力打赢这场攻坚战。

 **场景 6　不熟悉公司报销流程，多次提交错误被财务退回**

 青铜

☆这也不行那也不行，财务就不能一次说清楚吗!

 王者

★真感谢财务老师耐心提醒! 这次错误让我更加了解流程细节的重要性，我已将常见问题整理成笔记，以后会严格按照要求准备材料。如果仍有疏漏，还请指正，我一定会在第一时间改正。添麻烦了，今后还请多多关照!

 **上班时间刷短视频，
被领导发现后受到警告**

 青铜

☆就看了一下，又没耽误工作，至于这么严厉吗？

 王者

★领导，您批评得太对了，我的行为完全是不够自律的表现。职场有职场的纪律，这是我必须尽快调整和适应的。我立刻把手机调至静音，放进抽屉里，工作时间绝不再分心，全身心投入任务中。要是再有松懈，您尽管加重处罚。

以利为基，共创价值

场景 1　被安排日复一日地做基础性
数据录入工作

青铜

☆怎么又是这活儿，烦死了，一点儿技术含量都没有，根本不是我想要的工作。

王者

★领导，这段时间我一直忙着录入基础数据，起初心里确实有些落差，毕竟怀揣着远大抱负进入职场，眼下却被琐事缠身。不过我明白这就像建楼打地基，精准的基础数据对公司决策至关重要，关乎公司利益。我会沉下心，保证高效完成工作，同时琢磨如何优化流程，这样既能提高自己的工作效率，还能帮助团队节省时间，以便完成更重要的工作。

★刚踏出校园满是冲劲儿，希望在职场挥斥方遒，却没想到被基础数据录入绊住了脚。但我清楚，职场是步步为营的战场，再琐碎的工作也是有价值的。我会把这当成培养细心、耐心的契机，利用录入数据的机会来观察数据规律，向有经验的同事请教分析方法，慢慢积累经验，日后凭借扎实的基础争取负责更核心的业务，帮助公司提升效益。

 **发现同事为争一点绩效奖金钩心斗角，氛围压抑**

 青铜

☆至于吗，为这点儿钱，一个个都这么功利，真没劲。

 王者

★同事们因绩效奖金而明争暗斗，这和校园里的单纯氛围截然不同。在职场，大家都想证明自己的价值，但互相争斗只会产生内耗，不如大家携手提升业务量，共同把蛋糕做大，奖金自然水涨船高。这样不但能为公司创利，还能为自己谋福利。

 **场景 3　自己精心设计的创新方案石沉大海**

 青铜

☆白费劲，提了也没人看，公司根本不重视创新，没前途。

 王者

★满心期待地提交了创新方案，却没激起一点水花，不免有些失落。我不能气馁，应主动找领导约时间，诚恳请教，结合反馈完善方案，再拉上几个同事模拟试行，用实际效果证明方案的价值，为公司开拓新的盈利渠道。

 **场景 4　同期入职的同事靠关系获得晋升机会**

 青铜

☆公司太不公平了，努力有什么用！

 王者

★看到同事靠关系平步青云，心里酸酸的，自己埋头苦干却难有同等机会，职业前景好像也黯淡下来。不过我清楚，在职场中关系也是资源的一种。我不能嫉妒，应更专注于提升业务水平，深挖项目潜力，凭真才实学打通晋升渠道，让能力成为职场立足的根本。

场景 5　发现公司内部培训流于形式，学不到实用技能

 青铜

☆这个培训有什么用，净走形式，浪费时间，还不如自学。

王者

★公司培训毫无干货，我心里挺郁闷，刚入职场急需用技能武装自己，却扑了个空。不过我明白，公司组织培训的初衷是为员工赋能，助力业务发展。我打算主动找培训负责人反映问题，提出改进建议，如增加实操环节、邀请实战专家等，让培训真正发挥实效。

场景 6　发现公司业务方向与个人职业发展方向不一致

 青铜

☆公司的业务方向根本不是我想的那样，再干下去也没发展前途，得赶紧找新出路。

王者

★察觉业务偏离预期，心里忐忑，担心职业偏航。不过我得先沉住气，深入调研公司战略、行业趋势，找人力剖析岗位前景。若公司业务发展仍有潜力，我就制订适配计划，学新技能、拓人脉；主动请缨参与转型项目，借势调整方向，在变动中寻新机，与公司共成长。

 **场景 7　被分配到边缘项目，感觉不受重视**

 青铜

☆把这个边缘项目扔给我，他们根本就是不看好我。没前途了，努力有什么用！"摆烂"还是辞职？

 王者

★刚知道被分配到这个项目，心理落差大，怕被"边缘化"，职业道路变窄。可冷静想想，公司在资源分配上有公司的战略考量，每个项目都关系公司的整体利益。这个项目虽算不上核心项目，但说不定藏着机遇，能培养新的专长。我要挖掘潜力，先做出成绩来，再争取拿到核心项目的入场券。

职场实用小工具

职业规划模板	
个人基本信息	
姓名	
教育背景	
核心技能	
职业目标	
短期目标（1年）	职位目标、技能提升
中期目标（3年）	职位晋升、专业深化
长期目标（5年）	职业愿景、行业地位
技能提升计划	
硬技能	需要提升的专业技能
软技能	沟通技巧、团队合作、领导力
职业发展路径	
当前职位	职责与任务
晋升路径	可能的晋升职位、晋升条件
个人发展	
继续教育	学历提升、专业认证
工作与生活平衡	工作计划、生活规划
行动计划	
年度计划	每年的目标与里程碑
月度计划	每月的进度检查

第二节 职场关系的重构法则

职场人际关系是最难处理也最微妙的人际关系之一。不同于自主选择的朋友圈，同事之间未必有共同的价值观或爱好，却因工作关系而不得不朝夕相处。要在这样充满竞争的环境中建立平衡关系，如同搭建一座纸牌屋，极容易崩塌。如何处理这些关系，不仅考验着职场精英和普通员工的能力，对初入职场的新人来说，更是一项巨大的挑战。

职场人际关系的特点

1. 层级分明，利益交织：职场不同于校园，它有着更为明确的层级结构和利益格局。在这里，每个人的行为和决策往往受到职位、职责以及个人职业规划的影响。新人需要快速适应这种层级关系，理解不同层级间的沟通方式和信息的流动方式。

2. 竞争与合作并存：职场既是合作的舞台，也是竞争的战场。团队合作能够提升效率，实现共同目标，但同时，个人业绩、晋升机会等资源有限，竞争在所难免。如何在保持个人竞争力的同时，与同事保持良好的合作关系，是职场新人需要面对的一大挑战。

3. 隐性规则与社交潜台词：职场中存在着许多不成文的规则和潜台词。对于新人来说，理解并适应这些规则并非易事。比如，在某些场合下的沉默可能意味着对决策的支持，而过度的热情则可能被视为越界。忽视这些隐性规则，很容易让人在不经意间冒犯他人，导致人际关系紧张。

职场新人的人际困境

1. 难以融入，遭受冷遇： 初入职场，新人往往因为缺乏经验和对环境的不熟悉，而感到格格不入。他们可能因为不了解团队文化、沟通方式或工作习惯，而遭到同事的忽视或冷遇，从而产生孤独感。这种孤独感不仅影响工作效率，还可能打击自信心，让新人对职场产生畏惧心理。

2. 无意冒犯，陷入纷争： 由于缺乏职场社交经验，新人可能在不经意间触犯某些"隐性规则"，如在不恰当的场合发表意见、过多询问私人问题等，从而引发不必要的误解和冲突。这些纷争不仅会影响个人形象，还可能破坏团队氛围，阻碍职业发展。

3. 被孤立，团队边缘化： 在团队合作中，如果新人不能有效融入，或者因为某些原因（如性格内向、缺乏沟通技巧等）而被孤立，他们将很难在团队中发挥作用，甚至可能被视为"局外人"。长期下去，这不仅会限制个人能力的提升，还可能导致其职业发展停滞。

以智赋能，从容破局

1. 以权威为盾，专业加冕立身： 面对职场的挑战，新人需要学会树立权威，提升自己的气场。权威并不等同于权力。权威是基于个人的专业能力、知识储备以及人格魅力而自然形成的，要想获得权威，需要不断学习，提升自己的专业技能。同时，新人也要学会自信地表达观点，即使面对质疑也能理性地回应。这种自信不仅能让同事感受到你的专业，还能增强你在团队中的影响力。

2. 以优势为剑，精准出击建功： 新人需要清楚地认识自己的优势所在，并努力将其转化为职场中的核心竞争力。同时，要保持敏锐的洞察力，以便识别团队中的关键人物、把握职场发展的关键时机，发挥自己的优势。比如，在团队项目中主动承担重要任务、在会议中提出有建设性的意见等，都能助力你快速融入团队，赢得尊重。

破冰实践策略

1. 主动学习与适应： 职场如同游戏，每个阶段都有其特定的规则。新人应主动了解公司的文化、价值观以及团队的工作方式，通过观察和学习，逐步适应职场环境。同时，保持开放的心态，愿意接受反馈并不断改进自己。

2. 建立正面关系： 良好的人际关系是职场成功的关键。新人应积极与同事建立联系，通过参与团队活动、主动提供帮助等方式，展现自己的价值和诚意。同时，注意保持尊重和专业的态度，避免谈论敏感话题而引发不必要的误解。

3. 提升沟通技巧： 有效的沟通是职场成功的基石。新人应努力提升自己的沟通技巧，包括倾听、表达和反馈等。学会用清晰、准确的语言表达自己的观点，同时也要善于倾听他人的意见，展现良好的合作态度。

4. 寻求导师与盟友： 在职场中，一位经验丰富的导师或一群志同道合的盟友，对于新人的成长至关重要。他们可以提供宝贵的建议，分享职场经验，帮助新人更快地适应环境，少走弯路。

掌握权威运用，
提升自己的气场

 **场景 1**　向老同事请教问题，
对方态度冷淡

 青铜

☆在学校老师都求着我们学习呢，现在我想学，居然不教我，什么态度啊！

 王者

★前辈，可能您这会儿特别忙，打扰您了，实在不好意思。我刚进入职场，好多业务两眼一抹黑，看您经验丰富，就眼巴巴地来请教了。要是您这会儿不方便，我等您有空的时候再来，或者您给我指个学习方向，我自己先摸索着，谢谢您啦！

★前辈，我刚从校园出来，提问方式可能不太对，惹您不快了，还请您海涵。我特别珍惜向您学习的机会，能不能换个时间向您请教？或者您推荐些专业书、线上课程，我自学提升，争取早日跟上团队步伐，不给您添乱。

★真的很感激您在忙碌中还愿意听我发问，我回去再仔细研究资料，实在弄不懂再虚心向您请教，希望到时您别嫌我烦。

 **同事们在讨论工作，
自己想插话却无人理会**

 **青铜**

☆哼，你们聊你们的，当我不存在是吧？有什么了不起的。

 **王者**

★大家聊得好热闹呀，我刚进入咱们部门，好多业务还在摸索中，听大家说话特别长见识。我也有些刚学到的小知识，不知道能不能搭得上话。之前我通过查阅资料了解到行业新出的×××（具体法规或技术趋势），跟咱们这个项目有点关联，要是说错了还请大家多指教。

 **场景 3** 向同事请教问题，
同事回答得模棱两可

 **青铜**

☆你到底会不会啊，讲得这么含糊，不想教就直说，浪费我的时间。

 **王者**

★真的特别感激您愿意抽时间回答我这个新手的问题，我感觉这个问题背后门道不少。能不能这样，我把自己的理解跟您汇报一下，您给我纠错，指个方向？要是方便的话，您能否介绍几本专业书或者线上课程，我会进行系统的学习，以后争取少打扰您，您看可以吗？

 **场景 4** 不小心打断了同事的谈话

 青铜

☆哎呀，我没注意，你们继续。

 王者

★抱歉，打断了你们的交流，我刚好有个急事想找××。不过看来现在不是好时机，我等会儿再来，或者你们聊完后告诉我一声。

★真的很抱歉，我下次会注意看时机再插话。你们的话题听起

来很有趣，如果方便的话，能不能等会儿再一起聊聊？

★对不起，我没注意到你们在谈话，是不是打扰到你们了？我等会儿再来。

 场景 5 　午餐时独自一人，无人邀请

 青铜

☆他们都不理我，算了，我自己吃吧。

 王者

★我注意到有几个同事经常去那家餐厅，下次我可以提议一起去，说不定能借此机会融入他们的圈子，找到共同话题。

★看起来大家都有自己的小圈子，不过这也很正常。我将主动邀请几位同事一起去吃午饭，正好可以互相了解，增进感情。

 场景 6 　发现同事在背后议论自己的工作方法不专业

 青铜

☆他们凭什么在背后说我，当我好欺负啊，我找他们理论去，非得把事情说清楚不可。

 王者

★得知同事在背后议论自己，感到有点委屈。可身在职场，目

光要放长远。我决定在团队会议上大方提及这事，笑着说："最近听说大家对我的工作方法有些看法，这是督促我进步的好声音。我进行了自我检讨，发现自己确实有不足，也制订了改进计划，往后还请大家多监督，多给我支招，咱们一起把团队业务推上新高度。"用坦诚回应流言，赢得尊重。

场景 7　参加行业交流活动，发言过于随意，遭同行质疑

青铜

☆又不是故意的，这次的活动规则你们也没提前说清楚，能怪我吗？

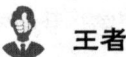

王者

★实在抱歉，给大家造成不好的印象，我第一次参加这类活动，没把握好分寸。回到公司后，我将立刻复盘，总结失误的原因。以后，我一定以专业、严谨的态度赢得大家的信赖，下次决不让大伙儿失望。

场景 8　不小心撞翻同事的水杯，弄湿了一桌文件

青铜

☆哎呀，我又不是故意的，你别大惊小怪，不就洒点水吗？

 **王者**

★实在抱歉！看我这冒失劲儿，给您添大麻烦了。您这些文件没弄坏吧？我马上全力抢救，要是有污渍擦不掉或者文件弄湿影响使用，我立刻帮您重新打印整理，保证一份不少、一页不差。真的对不住，以后我一定不再莽撞，您消消气。

 **场景 9　领导当众批评自己工作失误，觉得面子挂不住**

 青铜

☆我知道错了，但也不用当着这么多人的面说吧，太伤自尊了。

 王者

★领导，您当着大伙儿的面指出来，真是及时雨，让我彻底清醒。我回去后，立刻复盘，深挖根源，制订整改方案，每天自查自纠，每个阶段都向您汇报进展。我一定把这次教训刻在心里，化为动力，尽快成长，用实打实的成绩挽回颜面，感谢您直言不讳地指正。

找准关键点，释放自己的潜能

 **场景 1** **自己刚提出方案就被众人否定**

 青铜

☆行，你们厉害，我说啥都不对，那我闭嘴行了吧，以后你们爱怎么弄就怎么弄，别找我。

 王者

★大家先别急着否定，我明白我的方案可能不太成熟，刚听了各位的意见，真的让我受益匪浅。其实我提出这个方案，是因为之前调研时发现咱们的目标客户有新的偏好趋势，我觉得可以利用这一点打开思路，要是能把大伙儿的经验和这个新发现相结合，说不定能策划出非常好的方案。明天我会带着优化后的方案再来跟大家探讨，还请多给我些指导。

★看来是我没把意思表达清楚，怪我，让大家产生误解了。咱们团队卧虎藏龙，经验丰富，我在这里能学到不少东西。我这个方案呢，是受最近行业的一个创新案例启发，可能落地细节没考虑周全。要不咱们这会儿先把大方向定好，会后我再单独找几位擅长实操的同事，深挖一下执行要点，把方案细化，确保可行性，大伙儿看这样行不行？

场景 2　发现同事的错误

青铜

☆你这个地方弄得不对呀。

王者

★我注意到这个部分可能有些问题，要不我们一起再检查一遍，看看是不是有什么遗漏或者需要修改的地方。这样既能确保工作的准确性，也能一起学习和进步。

 场景 3　同事们私下聚餐，却从不叫上自己

 青铜

☆哼，他们就是故意排挤我，有啥了不起，我还不稀罕跟他们一起玩呢，以后各走各的路。

 王者

★咱们团队的凝聚力真强，看着大家私下关系那么好，我也盼着能成为其中一员。我留意到咱们接下来有个重要项目，我在××（自身专业特长）这块还算有点儿心得，要不项目筹备会上我主动请缨承担关键部分，展示下实力，让大家多了解我；同时在工作之余，我也多跟大伙儿聊聊生活趣事，拉近关系，争取快点儿融入咱们这个温暖的大家庭，一起为项目拼一把。

 场景 4　无意中透露了同事的隐私

 青铜

☆哎呀，我不是故意的，我就是随口一说。

 王者

★真的很抱歉，我无意中提到了这个话题，给大家带来了困扰。我以后一定会更加注意自己的言行。

★我知道我说错话了，给大家带来了麻烦。我会向受影响的同

事道歉，并承诺以后会更加谨慎地处理个人信息。

★我意识到我说的话可能让大家感到不舒服了，真的很抱歉。我会反思自己的行为，以后会避免类似的事情发生。

 **场景5　对领导的决策有疑问**

 青铜

☆领导，我觉得这个决策有问题，不应该这么做。

 王者

★领导，我很尊重您的决策，不过我也有一些想法，想跟您交流一下，看看是否能对我们的工作有所帮助。

★领导，我注意到这个决策可能有一些潜在的风险，能不能分享一下我的观点，看看我们是否能找到更优的方案？

 场景6　在办公室，不小心撞破两位同事的私密谈话

 青铜

☆哎呀，我又不是故意的，看你们这表情，至于吗？

 王者

★实在不好意思，我真不是有意打扰，太冒失了，抱歉。您二位放心，我这人嘴严得很，什么都没看见、没听见，就当这事儿没发生。要是之后有需要我回避的地方，尽管告诉我，我绝对配合，再次说声对不起，你们继续。

 **场景 7　同事向自己借重要资料却迟迟不还**

 青铜

☆你怎么回事啊，借我的资料这么久不还，我自己要用了，赶紧给我，别耽误我的事儿，真不自觉。

 王者

★真不好意思打扰你，是这样，你之前借走的那份资料对我手头的项目十分关键，我这儿的进度到重要节点上了，急等它推进。我猜你可能也忙得没顾上，如果方便的话，今天下班前能不能还给我？我这儿还有些相关的备用资料，也能给你救救急，咱们互相支持，赶紧把活儿干完，拜托啦！

 **场景 8　试图在团队汇报会上展示自己的能力**

 青铜

☆这个我知道，让我来！

 王者

★这个项目需要多方面的配合，我有一些经验，也很乐意和其他同事一起合作，共同完成任务。大家有什么建议或者想法都可以说出来。

★我觉得这个项目对大家来说都很重要，我负责的部分已经准备好了，不过我也想听听其他同事的意见，看看有没有什么我可以帮忙补充的。

同事向你请教一个专业问题，但你很忙

 青铜

☆我现在很忙，没时间帮你。

 王者

★真的很抱歉，我现在确实有些忙。不过我会把你的问题记下来，等我有空的时候一定会给你回复。

★我明白你的困境，虽然我现在不能直接参与，但我会把我知道的信息和资源分享给你，尽我所能地给你提供支持和帮助。

职场实用小工具

职场"潜台词"知多少

职场"潜台词"指的是在职场中常用的一些隐晦、模糊、具有特定含义的话术。对于职场新人来说，了解并掌握这些"潜台词"是融入职场环境、与同事和上级有效沟通的重要一步。

1. 你要和同事多沟通、多亲近。

潜台词：你和同事的关系不够好，有人说你的坏话了。

2. 果然还是你们年轻人有活力啊。

潜台词：你锋芒毕露，领导压不住你了，该收敛了。

3. 像你这么老实的人已经不多了。

潜台词：你做事不懂变通，不懂人情世故。

4. 你最近在忙些什么呢？

潜台词：你现在有点儿闲，我发现你偷懒了。

5. 你要有大局观。

潜台词：可能意味着需要你牺牲一些个人利益，或者接受一些不太理想的工作安排。

第三节　派系环境中的破局之道

职场并非乐土，它更像是一个错综复杂的迷宫，其中隐藏着各式各样的派系与斗争。一不小心，你可能就会陷入职场派系的旋涡，面临两难的选择。在这样的环境下，如何保持清醒的头脑，不拘泥于旧规，因事制宜地破局，成为每个职场新人必须面对的课题。

一、派系斗争的现状与危害

1. 派系斗争的现状

在职场中，派系斗争的表现形式多种多样。有的以部门为分界，不同部门之间为了争夺资源、权力，明争暗斗。例如，在预算分配时，各部门会夸大自身需求，贬低其他部门的工作价值，试图争取更多的资金支持。有的则基于个人的亲疏关系形成小团体，对非本团体的成员进行排挤和打压。在项目合作中，小团体成员可能会孤立其他同事，不分享关键信息，导致工作无法顺利开展。还有的以领导为核心，下属根据领导的喜好和利益行事，形成不同的权力阵营。在决策过程中，各个阵营会为了维护自己领导的利益，不顾实际情况进行争辩，阻碍公司做出正确的决策。

陷入职场派系斗争的情况并不少见。那些专注于工作、不参与派系活动的员工，可能会因为不被某一派系接纳，而在工作分配、绩效考核、晋升机会等方面受到不公平对待。他们可能会分配到最困难、最烦琐的工作任务，却得不到相应的资源和支持；在绩效考核时，即使工作表现出色，也可能因为没有派系支持而被压低分数；在晋升机会面前，他们往往会被排在有派系背景的员工之后。而被迫站队的职场人同样面临着巨大的压力。选择加入某一派系，意味着要卷入复杂的人际关系和利益纷争中。一旦站错队，就可能会随着该派系的失势而受到牵连，失去原有的工作机会和利益。同时，在派系内部，也需要花费大量的时间和精力去维护关系、应对内部竞争，这无疑会分散工作注意力，影响工作效率和质量。即使站队正确，也可能会因为过度依赖派系而失去独立发展的能力和机会，一旦派系发生变化，自己的职业发展也会陷入困境。

2. 派系斗争的危害

派系斗争会破坏团队的协作精神和凝聚力。不同派系的成员之间缺乏信任和沟通，各自为战，无法形成有效的团队合力。项目在执行过程中，可能会因为派系之间的矛盾和冲突，导致进度拖延、质量下降、甚至失败。此外，派系斗争还会影响公司的形象和声誉，降低公司在市场上的竞争力。

二、派系斗争的破局之道

1. 保持清醒的头脑

我们需要保持清醒的头脑，不为派系的表象所迷惑。在职场中，我们应该始终坚持自己的原则和立场，不为他人的言论和行为所左右。当我们面对派系的诱惑或压力时，要时刻提醒自己，我们的职业生涯是属于自己的，而不是某个派系的附属品。

2. 建立广泛的社交网络

我们需要建立广泛的社交网络，不局限于某个派系之内。在职场中，我们应该尽可能地与不同部门、不同背景的同事建立联系，了解他们的想法和需求。这样，即使我们身处派系斗争之中，也能保持相对中立，不被某个派系完全控制。

3. 提升个人价值

我们需要不断提升自己的个人价值，使自己在职场中不可替代。无论派系如何更迭，有能力的人总是会受到重视。我们应该将更多的精力放在提升自己的专业技能和综合素质上，用自己的实力说话。这样，即使我们身处派系斗争的旋涡，也能凭借自己的实力站稳脚跟。

4. 灵活应对，因事制宜

我们需要学会灵活应对，因事制宜。在职场中，没有一成不变的规则，也没有绝对的对错。我们应该根据实际情况，灵活调整自己的策略和行为。当我们面对派系斗争的压力时，可以尝试通过沟通、协商等方式来化解矛盾，寻求共识。当我们被迫站队时，也可以尝试在保持自己原则的前提下，寻找与各个派系合作的可能性。

不拘泥旧规，因事制宜

场景 1　**被领导暗示加入其派系**

青铜

☆行啊，领导，我肯定跟您站一队，以后您说什么我就做什么，其他人我都不管。

王者

★领导，非常感谢您对我的认可和信任。我一直都很敬重您，在工作上也会全力以赴地支持您。不过我觉得大家都在为公司的发展而努力，我希望能在工作中与大家建立良好的合作关系，共同为公司创造价值，您觉得这样可以吗？

 **同事拉你加入他们的派系，
并说另一个派系的坏话**

 青铜

☆我早就看他们不顺眼了，行，我加入你们。

 **王者**

★我理解大家可能因为工作方式不同而存在一些分歧，但我更相信求同存异。在工作中，我们可以从不同的角度去思考问题，共同解决难题，你说呢？

 **不同派系就项目方案产生激烈争执，
被问支持哪一方**

 青铜

☆我觉得××（某派系方案）好，×××（另一派系方案）根本就不行，一点儿都不切实际，我坚决支持××（某派系）。

 **王者**

★我觉得两个方案都有各自的亮点和值得思考的地方。我们不妨先综合分析一下这两个方案的优缺点，结合项目的目标和实际情况，取其精华形成一个更完善的方案。这样既能充分利用大家的智慧，也有利于项目顺利开展。

 **场景 4**
在茶水间听到两个派系的同事互相指责，被卷入是非之中

青铜

☆你们别吵了，明明就是××（某派系）的错，×××（列举具体错误行为），大家都看在眼里。

王者

★在茶水间咱们就放松放松，聊点开心的事吧。工作上的事儿，等回到工位再讨论。大家平时工作都挺辛苦的，因为这点事儿伤了和气多不值得。如果真有问题，我们可以找个合适的时间，坐下来心平气和地沟通。

场景 5
因不加入派系，被某派系同事排挤

青铜

☆你们怎么这样啊，不就是没加入你们嘛，工作上也这么针对我，太过分了，我要找领导评理。

王者

★最近大家在工作上可能有些误会，但其实大家都是为了完成工作任务。要不我们坐下来，把工作上的问题梳理一下，看看怎么

配合能提高效率，我相信我们一定能找到解决的办法。

 **场景 6　被要求站队，否则影响晋升**

 青铜

☆我加入你们的阵营，真的可以升职吗?

 王者

★我希望可以凭借自己的实力获得认可。我相信公司看重的是能力，而不是站队。

 **场景 7　公司新规要求员工每天写日报，同事向你抱怨烦琐**

 青铜

☆让你写你就写呗，适应能力这么差的话，不如辞职。

 王者

★其实一开始我也觉得不太适应。不过，写日报确实是一个很好的总结和规划工作的机会。我们可以互相交流一下，怎样才能更高效地完成日报填写。另外，我们也可以一起向领导反映一下，优化日报的格式，让它更简洁实用。

 **看到新来的同事不会用打印机**

 青铜

☆这很简单，自己摸索摸索不就会了，别老问别人。

王者

★你好呀，看你好像在研究打印机，是遇到什么问题了吗？这台打印机的操作确实有点复杂，我刚入职的时候也摸索了很久。来，我给你演示一遍吧。别担心犯错，多操作几次就熟练了，要是之后还有其他办公设备不会用，也尽管找我。

 **某同事在公司中散布另一位同事的谣言**

 青铜

☆真的吗？你快具体说说！

 王者

★我知道有时候大家聊天可能会聊到一些同事的事情，但散布谣言不太好。大家都在一个团队，要是因为这些不实的言论影响了同事关系，以后工作起来也不舒心。有什么问题，大家可以当面沟通解决，你觉得呢？

灵活应变，到什么山头
唱什么歌

 **场景 1　同事邀请参加某派系的聚会**

 青铜

☆不去，我才不参加你们这种拉帮结派的聚会，我只想好好工作，不想卷入这些是非。

 王者

★感谢你的邀请，我也很想和大家增进感情。不过我这段时间在准备一个行业资格考试，每天下班后都要复习。你们玩得开心，等我考试结束后请大家吃饭，好好交流一下工作和生活情况。

场景2　因保持中立，在项目中被边缘化

 **青铜**

☆你们怎么回事啊，这个项目还想不想好好做了，太过分了！

 **王者**

★伙伴们，我感觉最近大家对我的信任度有所降低。我一直都很想和大家一起把××（项目名称）做好，之前在××（列举项目任务）中，我们合作得也挺愉快。大家都是为了项目能够成功，有什么问题可以直说，一起解决。

场景3　你被领导要求泄露他对立派系的秘密

 **青铜**

☆领导，这可不行啊，这不是搞破坏嘛，我不能做这种事，您找别人吧。

 **王者**

★领导，我特别理解您的想法，不过我对××（对立派系相关情况）的了解实在有限，担心提供的信息不准确，反而耽误事儿。要不我先帮您收集一些行业内的相关资料，分析市场动态，从其他角度找一找对我们工作有帮助的信息。

 **因保持中立，被同事质疑对公司的忠诚度**

 青铜

☆我每天勤勤恳恳地工作，加班加点都毫无怨言，就因为我不加入××派系，你们就质疑我对公司的忠诚？太过分了！

 **王者**

★公司现在环境复杂，我理解你对我的质疑。但我想说，我对公司的忠诚体现在我的行动上。在××（列举公司核心业务或重要项目）中，我一直冲在前面，努力克服各种困难，为公司创造价值。我保持中立，是不想让派系斗争影响工作氛围，干扰团队协作。我相信，我们齐心协力把工作做好，就是对公司最大的忠诚。

 **因保持中立，被上级认为缺乏团队精神**

 青铜

☆领导，不加入××派系就代表没有团队精神吗？您这么说，我可太委屈了。

 **王者**

★领导，得知您有这样的看法，我深感不安。我之所以不偏向任何一方，是为了更客观地处理工作，从而更好地为团队决策提供

参考。就像在××（列举为团队解决的关键问题）时，我运用自己的专业知识，为团队排忧解难。我选择中立，是想把精力都放在提升团队整体业绩上。接下来我会主动参与团队建设活动，加强和同事们的联系，以实际行动展现我的团队精神。

场景 6　派系间互相攀比贡献，你被要求证明自己的"价值"

青铜

☆我的价值不是靠攀比来证明的，你们爱怎么想就怎么想。

王者

★我明白个人价值的重要性，但我更看重团队的整体利益。我会主动承担责任，为团队的成功贡献力量，相信大家会看到我的价值所在。

★我理解大家希望证明自己的价值，但我觉得价值应该体现在实际工作中。我会用我的工作成果说话，让大家看到我的付出与实力。

场景 7　同事获得晋升而自己没有

青铜

☆凭什么你能晋升，我干的活也不少啊，肯定是领导偏心，这次晋升一点都不公平。

 **王者**

★听到你晋升的消息，我特别为你感到高兴。你在工作中认真负责，大家都看在眼里。我知道自己和你还有差距，接下来我会努力提升自己的能力。我也希望我们以后能继续保持良好的合作，一起为团队创造更多价值。

 **场景 8　与其他部门竞争有限的公司资源**

 青铜

☆我们部门的项目更重要，你们部门得再等等。

 王者

★据了解，贵部门在×××（列举对方项目可能面临的困难）方面会面临一些挑战。我们部门可以为贵部门提供一些帮助。当然，我们也希望这次资源分配能优先满足我们部门的需求。

 **场景 9　与合作方谈判分成比例**

 青铜

☆你们别想多占，就按我们说的比例来，不然这合作就别谈了。

王者

★我了解到贵方近期在×××（列举对方业务短板或面临的困境）方面遇到一些挑战。我们的优势在于×××（阐述己方优势，如技术、资源等），刚好可以帮助贵方解决这些问题。在分成比例上，我们希望能稍微调整一下，这样对双方都有利。您觉得呢？

场景 10　领导在公开场合不恰当地批评你

青铜

☆领导说什么就是什么吧，我也不好反驳。

王者

★领导，我理解您对工作的高标准和严要求，但这次您的批评与事实不太相符。我希望能和您私下沟通，向您说明具体情况，避免因为误解影响工作的推进。同时，我也非常感谢您对我的监督。

职场实用小工具

职场派系关系识别框架

一、派系关系的识别维度

利益分配：派系的形成往往与利益分配密切相关。当部门或个人的利益紧密捆绑时，容易形成对立或联盟。例如，销售部和市场部可能因业绩归属、奖金分配等问题而产生矛盾。观察资源分配、项目主导权、晋升机会等是否倾向于某些特定群体，这些可能是派系存在的线索。

权力结构：通过分析组织的权力架构，如股权结构图、组织结构图、派系结构图等，可以发现潜在的派系势力。注意领导的圈子文化，如内圈（领导身边的红人）、边圈（能力强但不受重用者）、外圈（职场失意者）等，这些圈层可能与派系有关。

人际关系：基于血缘、地缘、学缘等关系形成的派系较为常见，如家族企业中的亲属关系、同学关系等。同事之间的默契和长期合作关系也可能形成派系，尤其是在经历过多次合作或共同完成项目后。

工作风格与价值观：具有相似工作风格和价值观的员工可能形成派系。例如，注重创新的员工可能聚集在一起，而注重传统的员工则形成另一派。观察团队成员在会议、项目中的表现，看是否有人总是意见一致或相互支持，这可能是派系的体现。

二、识别派系的五个信号

聚会分圈层，谁和谁一起吃饭：观察同事们的午餐搭子、茶水间闲聊组、加班结束后的聚餐阵容，常常能看出隐形"圈层"。固定的小圈子若总是排他、默契十足，很可能就是一个小派系。

信息流有壁垒，有人总是"早知道"：你刚刚开完会，有人却早已准备好了应对方案。有人总能第一时间听到变动风声。这说明他们掌握着特殊的信息渠道，很可能与"核心人物"有密切的联系。

汇报路径非正式，有人能"跳级直达"：正常流程要层层上报，有人却能"越级"直达高管。如果不是硬实力超强，很可能是派系背景使然。

提拔机会、资源分配集中在某一类人：某一小群体总能获得核心项目、培训机会、晋升通道。当公司资源向少数人倾斜时，不一定是偶然，更可能是派系操作的结果。

重要时刻"集体沉默"或"集体力挺"：当有争议的事件或冲突发生时，某些人群体性地选择沉默或"统一发声"，说明他们不仅是同一阵营，更可能是背后有统一指令或共同利益。

三、应对策略

保持中立：在识别到派系关系后，尽量保持中立，避免盲目站队。

专注工作：专注于工作本身，以能力和业绩说话，减少因派系带来的麻烦。

积极沟通：主动与不同派系的成员沟通，建立良好的人际关系，避免被孤立。在适当的时候提出建设性的意见，推动团队合作。

第二章

沟通艺术的段位阶梯

第一节 表达困境与突围策略

在竞争激烈的职场环境中，表达能力对个人职业发展起着举足轻重的作用。然而，许多职场人在表达过程中常常遭遇各种困境，影响工作效率与职业晋升。本节将聚焦职场表达中的向上汇报和同事交流两个关键方面，深入剖析困境，并提出切实可行的突围策略。

一、向上级汇报的困境

1. 逻辑混乱，思路不清

许多员工在向上汇报时，缺乏清晰的逻辑框架，东一榔头，西一棒槌。比如在汇报项目进展时，一会儿说团队成员的工作状态，一会儿又跳到项目遇到的某个突发问题。这种逻辑混乱的汇报，使领导难以准确把握工作重点和关键信息。同时，领导会对汇报者的工作能力和思维能力产生怀疑，认为其对工作缺乏系统的规划和深入的理解，进而影响汇报者在领导心中的形象。

2. 重点不突出，详略不当

部分员工在汇报时，往往事无巨细，将大量时间和精力放在琐碎的细节上，而忽略了对重点内容的阐述。例如，在汇报季度销售业绩时，花费大量篇幅描述某次促销活动的现场布置细节，却对销售额、销售增长率、市场占有率等关键数据一带而过。重点不突出的汇报，让领导难以迅速抓住关键，无法及时了解工作的整体成效和重要问题，可能延误决策时机。长期如此，领导会对汇报者的工作能力产生不信任感，从而减少安排重要任务和给予晋升的机会。

3. 信息不准确，缺乏数据支撑

有些汇报者在向上级汇报时，提供的信息模糊不清或存在错误，仅凭印象和感觉陈述工作。比如在汇报成本控制情况时，只是笼统地说"成本有所降低"，却无法说出具体的降低比例和金额。缺乏数据支撑的汇报，显得空洞无物，会让领导认为汇报者工作不严谨、不负责，从而影响汇报者在公司的发展。

二、同事交流的困境

1. 沟通方式不当，引发冲突

在职场中，部分同事在交流时，说话过于直接、强硬，不考虑对方的感受。例如，在讨论项目方案时，直接否定同事的观点，说"你这个方案完全不行，一点儿可行性都没有"，这种简单粗暴的沟通方式，容易伤害同事的自尊心，引发冲突。长期的矛盾还可能导致工作关系紧张，影响项目的顺利推进，甚至使一些有能力的同事因无法忍受而离职，给团队造成损失。

2. 专业术语障碍，理解困难

不同部门的同事具有不同的专业背景，在交流过程中，若一方过度使用专业术语，而不考虑对方是否理解，就会造成沟通障碍。比如，技术部门的同事在向市场部门的同事介绍产品的技术特点时，如果大量使用专业术语，市场部门的同事可能一头雾水，无法准确理解产品的核心优势。这种因专业术语导致的理解困难，会使信息传递不准确，影响工作的有效开展。同时，也可能引发同事之间的不满情绪，影响团队协作。

3. 词不达意，表述模糊

有些人在与同事交流时，无法准确清晰地表达自己的想法和意图，语言组织混乱，用词不准确。例如，在描述一项工作任务时，使用模糊的词语，让同事难以理解任务的具体要求和目标；或者在阐述观点时，东拉西扯，抓不住重点，使对方听得云里雾里。这不仅会导致信息传递失真，使工作方向出现偏差，还可能引发同事之间的不满和抱怨。

三、向上汇报的突围策略

1. 构建清晰的逻辑框架

可以按照金字塔原理组织内容，先提出结论，即汇报的核心观点，如项目的最终成果、工作的总体目标等。然后，阐述支持结论的论据，论据可以按照重要性、因果关系等逻辑顺序排列，也可以采用"总—分—总"的结构进行汇报。开头简要介绍汇报的主题和目的，让领导对汇报内容有一个整体的了解；中间部分详细展开，按照一定的逻辑顺序阐述各项内容；结尾总结重点，再次强调核心观点，并提出下一步的建议或计划。

2. 突出重点，合理安排详略

在汇报前，要明确本次汇报的重点，根据领导的关注焦点和工作的实际需求确定重点内容。在汇报过程中，要合理分配时间，对于重点内容要详细阐述，预留足够的时间进行说明；对于次要的细节内容，可以简要提及或作为补充信息提供。

3. 确保信息准确，提供数据支撑

在汇报前，要对所提供的信息进行仔细核实，确保每一个数

据、每一个事实都准确无误。在汇报中，尽量用数据来支撑自己的观点。数据能够使汇报更加具体、客观，从而增强说服力。比如，在汇报工作成效时，不要只说"工作取得了很大进展"，而要说"通过实施新的营销策略，销售额在过去一个月内增长了20%"。

四、同事交流的突围策略

1. 选择恰当的沟通方式

在与同事交流时，可以根据不同的同事和场景，选择合适的沟通方式。对于性格开朗的同事，可以采用较为简洁明了的沟通方式；对于性格敏感的同事，要注意措辞，语气要更加委婉。同时，在沟通时要注意肢体语言和表情的运用，传递积极的沟通信号。

2. 消除专业术语障碍

在与不同部门的同事交流时，要尽量避免使用过于专业的术语。如果必须使用专业术语，要对其进行解释，用通俗易懂的语言表达专业概念。例如，技术人员在向市场人员介绍产品技术时，可以将"芯片的纳米制程"解释为"芯片制造工艺的精细程度，数字越小表示工艺越先进，产品性能可能越好"。

3. 精准表达，清晰阐述

在开口表达之前，先在脑海中组织好语言，梳理清楚自己要表达的内容和逻辑关系。表达时要尽量使用简洁易懂的语言，避免使用模糊、生僻或容易引起歧义的词汇和句子。对于重要的信息和关键要求，要重点强调，确保同事能够准确理解。如果不确定自己的表述是否清晰，可以询问同事是否理解，及时进行调整。

隐智藏锋，以柔克刚

 场景 1　汇报项目进度

 青铜

☆领导，我现在正在做那个项目，进度还可以。

 王者

★领导，目前项目按计划稳步推进。第一阶段任务已完成80%，预计提前两天完成目标。但在技术对接环节，供应商交付延迟了两天，我们已协调内部资源，确保整体进度不受影响。

★领导，项目进展顺利。市场调研部分已完成，收集有效样本500份，分析结果显示目标客户群体的需求集中在功能A和功能B。

产品设计初稿已完成,正在等待设计团队进一步优化细节,预计下周可提交评审。

 **场景 2　　汇报工作中遇到的问题**

 青铜

☆领导,这个项目遇到麻烦了,我们不知道怎么处理,您快想想办法吧。

 王者

★领导,项目执行中遇到供应商突然提价的问题,涨幅达20%,严重影响成本控制。我们已与其他供应商沟通,但短期内难以找到合适的替代公司。目前考虑与原供应商再次协商价格,或调整产品设计方案以减少对其的依赖,您看如何决策?

 **场景 3　　汇报工作成果**

 青铜

☆领导,这次活动效果还行,大家都挺累的,不过该做的都做了。

 **王者**

★领导,本次营销活动成果显著。活动期间销售额增长30%,达到500万元,新增用户2 000人,远超预期目标。活动主要通过线

上线下结合的方式，精准定位目标客户，取得了良好反响。

★领导，经过团队努力，新产品研发取得重大成果。产品已通过内部测试，性能指标超出行业平均水平的20％。经过市场调研发现，客户对产品功能和设计的满意度高达90％，这为产品上市奠定了良好基础。

场景 4　汇报工作并调整计划

 青铜

☆领导，我觉得那个计划需要修改一下。

 王者

★领导，我在执行计划的过程中发现了一些问题，为了更好地推进工作，我想对计划进行一些调整。我已经将调整后的计划整理好了，请您看一下，并给我一些建议。

场景 5　汇报资源需求

 青铜

☆领导，这项目得加点人手，再给点钱，不然不好进行下去了。

 王者

★领导，项目进入攻坚阶段，对设备性能要求提高。现有的设备已无法满足生产需求，生产效率降低了15％。建议采购一台新型设备，预算80万元，可使生产效率提升30%，从长远看能有效降低成本，从而提高项目整体效益。

★领导，为了确保项目按时高质量完成，我们需要更多资源支持。在技术研发方面，需邀请行业专家进行两次技术指导，预计费用30万元，以解决目前遇到的技术难题。

场景 6　汇报工作失误

 青铜

☆领导，我不小心把那份文件弄丢了，我再找找看。

 王者

★领导，非常抱歉，我在整理时不慎丢失了一份重要项目文件。发现后我立即发动同事一起帮忙寻找，但尚未找到。目前我已联系文件相关负责人，获取备份文件，同时深刻反思失误原因。我也会配合管理部门制定文件管理规范，避免类似情况再次发生。

场景 7　汇报竞争对手动态

 青铜

☆领导，听说隔壁在进行促销活动，具体是哪些产品我还不太清楚，好像对我们有点儿影响。

 **王者**

★领导，我们注意到竞争对手A近期开展了大规模的促销活

动，通过降低价格和赠送礼品吸引了大量客户。我们的市场份额因此受到一定影响，下降了3%。我们营销团队讨论后，认为可以推出有针对性的促销方案，如会员专属优惠、买一赠一等活动，同时加强品牌宣传，提升品牌竞争力。您觉得这些方案是否可行？

场景8　汇报客户反馈

 青铜

☆领导，客户说产品有点儿小问题，不过也不是什么大不了的，估计他们自己能解决。

 王者

★领导，有重要客户反馈产品在使用过程中出现卡顿现象，影响使用体验。我们的售后团队已在第一时间与客户沟通，收集了详细信息。初步判断是软件算法问题，技术团队正在全力排查，预计明天给出解决方案，我们会及时跟进处理进度，给客户一个满意的答复。

场景9　汇报政策调整

 青铜

☆领导，上面好像出了个新政策，对咱们的工作有点儿影响，具体怎么处理还得再看看。

王者

★领导，刚刚出台的行业新政策对我们项目的影响较大。政策规定提高了产品准入门槛，增加了两项检测指标。我们已组织相关部门研究政策细节，评估后发现需要投入额外资金20万元用于设备升级和检测，同时项目周期可能延长一个月。建议立即调整项目计划，以符合政策要求，您看是否可行？

场景10 汇报工作中的突发情况

青铜

☆领导，刚才客户突然说要取消合作。我也不知道怎么回事，他们就说不想合作了。这可怎么办？您快拿个主意吧。

王者

★领导，有个紧急情况向您汇报。刚才客户A突然提出取消合作。对方目前给出的理由较为模糊，只提及业务方向调整。我已稳住对方，准备再次沟通以挖掘真实原因，同时梳理合作细节，找出挽回的方法。您看是否安排高层会面？我也可以联系其他部门协同，争取挽回合作。

当能力突出成为社交壁垒的
辩证思考

你提出了一个创新的方案，
同事们反应平平

 青铜

☆你们怎么都不说话，是不是觉得我的方案不行啊？

 王者

★这个方案可能比较新颖，大家需要时间消化。我们不如先讨论一下它的可行性，看看有哪些可以调整的地方。

★看来大家对这个方案还有些顾虑，我们一起来探讨一下哪些地方可以优化，让它更符合我们的实际需求吧。

场景 2　你轻松地解决了一个难题，同事还在苦思冥想

 青铜

☆这么简单的问题，你们怎么都想不出来啊？

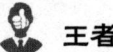 **王者**

★这个问题对咱们来说的确有点儿挑战性，不过别担心，我们一起分析下，说不定能找到好的解决方法。

★我解决得比较快，可能是因为我遇到过类似的问题。大家别着急，我们一起试试，看看能不能找出更好的方法。

场景 3　与同事沟通项目方案细节

 青铜

☆这个方案就这么做呗，你按我说的改改就行，反正你看着办。

 王者

★关于咱们这个项目方案，我仔细研究了一下。目前方案的市场定位还不够精准，咱们需要进一步调研，了解目标客户群体的基本信息和关键特征，这样才能使后续的营销策略更具针对性。另外，在预算分配上，推广费用占比过大，可能需要适当调整，从而确保资金合理利用，你觉得呢？

场景 4　与同事讨论客户需求变更

 青铜

☆客户又改需求了，之前做的都白费了，赶紧改吧。

 王者

★客户提出了需求变更，这确实会对我们的工作产生影响。我们先一起梳理下新需求，看看哪些部分与原方案冲突较大，哪些可以通过局部调整来满足需求。对于之前已完成的工作，我们评估一下哪些能够继续使用，尽量减少不必要的重复劳动。同时，要和客户确定变更后的时间节点和预算。你觉得我们先从哪方面入手梳理比较好？

场景 5　跟同事讨论工作进度

 青铜

☆我这边的工作就那样，按部就班进行着呢，没什么大问题，有问题再说。

 王者

★××（同事称呼），咱们对一下工作进度吧。我负责的部分，目前已经完成市场调研，共收集有效样本300份。通过分析发现，目标客户对产品的关注点主要集中在价格和售后服务上。接下来，我将根据这些调研结果，开始撰写市场分析报告，预计本周三完成，其间如果有任何需要沟通的地方，我们随时联系。

 **场景 6　与同事讨论工作中的数据分析结果**

 青铜

☆数据分析结果我放在这儿，你自己看看，照着做就行。

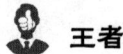 **王者**

★××（同事称呼），咱们聊聊这次的数据吧。我们从数据分析中发现，不同年龄段的客户对产品的关注点截然不同。年轻客户更注重产品的外观设计和个性化功能，而年长客户则更看重产品的实用性和稳定性。咱们是不是可以根据这些差异，制定具有针对性的产品改进方案和营销策略呢？你觉得从哪个方面入手调整比较好？

 **场景 7　与同事沟通会议安排**

 青铜

☆明天开会，你来参加，具体什么事到时候再说，别迟到就行。

 **王者**

★××（同事称呼），跟你沟通一下明天的会议安排。明天上午10点在公司会议室召开项目进度汇报会议，主要目的是汇报项目的进展情况，分析遇到的问题并讨论解决方案，预计时长一个半小

时。你需要准备好你负责的部分的工作进度报告，包括已完成的任务、遇到的困难以及下一步计划。请准时参加会议，如有特殊情况不能参加，请提前告诉我。

 **场景 8　请求同事帮忙审核文件**

 青铜

☆帮我审核一下这个文件，看看有没有错就行，别的不用管。

 **王者**

★麻烦你审核一下这份文件，这是咱们即将提交给客户的项目方案，非常重要。希望你重点关注一下内容的准确性，特别是数据和事实的描述。另外，也帮忙看看逻辑是否清晰，语句是否通顺。你在这方面很有经验，你的审核意见对我来说非常重要，预计什么时候有时间帮我审核呢？

职场实用小工具

汇报工作标准框架

	要素	具体要点	详细说明
1	汇报开头	问候与自我介绍	①简短问候上级或团队成员 ②自我介绍（如场合需要）
		汇报目的	①明确汇报的主要内容和目的 ②简述汇报的重要性或背景
2	工作进展	已完成任务	①列出近期完成的主要工作任务 ②简述任务完成的过程、方法
		正在进行的任务	①介绍正在进行的工作任务及进展 ②提及遇到的挑战及已采取的措施
		未开始或延迟的任务	①说明未开始或延迟的原因 ②提出计划开始或加速进度的具体措施
3	成果展示	量化成果	①用具体数据或指标展示工作成果 ②对比前后数据，突出改进或增长
		非量化成果	①描述无法直接量化的成果 ②提供相关证据或案例支持
4	问题与挑战	当前问题	①列出工作中遇到的主要问题和挑战 ②分析问题产生的原因和影响
		解决方案	①提出针对问题的具体解决方案和建议 ②说明解决方案的可行性和预期效果

（续表）

	要素	具体要点	详细说明
5	未来计划	短期计划	①列出未来一周或一个月内的具体工作计划 ②强调重点任务和优先级
		长期规划	①概述未来一段时间（如一个季度）的工作目标和计划 ②提及可能需要的资源或支持
6	总结与请求	总结汇报	①简要回顾汇报的主要内容 ②强调工作的重要性和成果
		请求支持	①提出需要上级或团队提供的支持或帮助 ②明确请求的具体内容和期望得到回应的时间
7	结束语	表达感谢	①感谢上级或团队成员的支持
		开放提问	①邀请上级或团队成员提问或提出意见 ②表示愿意进一步讨论或解释

第二节 倾听缺位与突围策略

倾听，是人际交往中最基本也是最重要的技能之一，在职场中更是不可或缺。职场如棋局，每一步都需精心布局，而倾听则是洞察对方（或合作伙伴）的意图、制定策略的关键。当倾听缺位时，一切都将变得盲目而混乱。

一、倾听缺位的代价：项目失败与业务受损

1. 忽视客户的需求

在职场项目中，客户是最终的裁判，他们的满意度直接关系到项目的成败。如果项目团队沉迷于自我设定的框架，忽视了倾听客户的声音，就可能导致项目成果与客户的期望南辕北辙。这不仅浪费资源，更会损害公司的声誉和客户的信任。装满水的瓶子，往往比半瓶水更沉稳而坚定，而半瓶水却容易因晃动而溢出。职场人的实力亦如此，真正的专业在于能够静下心来，倾听并理解每一个细微的声音。

2. 错过同事的关键信息

职场不是孤岛，每个人的工作都是团队努力的一部分。在团队协作中，信息的及时共享至关重要。然而，当某位成员因为忙碌、自负或单纯的疏忽，未能认真倾听同事分享的关键信息时，就可能错过重要的线索或建议，导致自己在工作中陷入被动。比如，一个市场部门的员工如果忽略了销售同事关于客户反馈的信息，可能会制定脱离市场实际的营销策略，最终影响销售业绩。这种"错过"，

就像是在航行中忽视了海图上的警示标志，让船驶向了暗礁区。

二、倾听缺位的深层原因

1. 自我中心的思维模式

在快节奏的职场环境中，人们往往更容易关注自己的目标和想法，而忽视了他人的声音。这种以自我为中心的思维模式，是导致倾听缺失的主要原因。它让人变得狭隘，无法拥有更广阔的视角，从而错失来自外界的重要信息。

2. 沟通能力的欠缺

有效的倾听不仅仅是耳朵听到，更是心灵的接受和理解。缺乏沟通技巧的人，即使表面上在听，也可能因为无法准确捕捉对方的言外之意而错过关键信息。对非言语信息，如肢体语言等的解读，也是倾听中不可或缺的部分。

3. 情绪管理不当

情绪是影响倾听效果的另一大因素。当处于愤怒、焦虑或兴奋等的情绪状态时，人们的注意力往往会偏离，难以专注于对方的讲述。一旦头脑发热，可能会让人在沟通中露出破绽，从而错失良机。

三、如何应对倾听缺位

1. 培养开放心态

首先，要认识到每个人都有其独特的价值和视角，愿意放下自我，以开放的心态去倾听他人之言。这要求职场人不断修炼自己的谦逊品质，学会从他人的言论中汲取营养。

2. 提升沟通技巧

沟通是一门艺术，也是一门科学。通过学习专业的沟通技巧，如主动反馈、重述对方观点以确认信息、观察非言语信息等，可以显著提高倾听的效率和质量。同时，利用现代科技工具，如会议记录软件、在线协作平台等，也能帮助捕捉和整理信息，减少遗漏。

3. 加强情绪管理

情绪管理是个人成长的重要组成部分。学会在沟通前调整自己的情绪状态，保持冷静和理性，可以有效避免因情绪波动而导致的倾听失误。可以通过冥想、深呼吸、时间管理等方法，帮助自己保持平和的心态，确保在沟通时能够全神贯注。

4. 持续反馈与改进

倾听是一个持续的过程，需要不断反馈和调整。通过建立有效的反馈机制，鼓励团队成员之间相互提出改进建议，可以逐步提升整个团队的沟通效率和协作水平。同时，个人也应定期进行自我反思，识别并克服自己在倾听上的弱点。

实力如瓶子里的水，"满瓶不动半瓶摇"

 **场景 1   客户询问产品功能**

 青铜

☆哦，我们的产品挺好的，很多人都在用。

 王者

★非常感谢您对我们产品的关注，能具体说说您希望产品具备哪些功能或能解决哪些问题吗？我们很乐意根据您的需求来优化产品功能。

★看来您对我们的产品挺感兴趣！能详细说说您在使用或考虑购买时，最看重产品的哪些功能吗？这样我们才能更精准地为您服务。

 **场景 2　客户反馈产品使用体验不佳**

 **青铜**

☆不会吧，我们产品一直都是这样，别人用得都挺好，可能是你的使用方法不对。

王者

★实在抱歉，给您带来不好的体验。您能详细说一说是在哪些方面感觉不佳呢？是操作流程烦琐，还是功能没达到您的预期？我们非常重视您的反馈，这将有助于我们改进产品性能。

场景 3　客户询问价格优惠

青铜

☆这个价格已经很便宜了，市场上都是这个价，你要是还觉得贵，那就没办法了。

王者

★我了解到您对价格比较关注。能不能和我说说您觉得这个价格超出预期的原因呢？是和您的预算有差距，还是对比了其他竞品后觉得价格偏高？

★您提出的价格问题，我们很重视。您心目中的理想价位是多少？我们会综合考虑您的想法，在产品配置或服务上做些调整，让您觉得物超所值。

 场景4　客户询问产品售后服务

 青铜

☆我们售后服务挺好的，有问题就找客服。

 王者

★您需要了解哪些方面的售后服务？是维修响应时间、质保期限，还是退换货政策？我向您详细说明一下。

 场景5　客户询问产品更新计划

 青铜

☆产品更新的时候我们会通知的。

 王者

★您询问产品更新计划，这说明您对我们产品的发展很关注。可以先说说您更关心哪些更新计划吗？是希望产品增加特定功能，还是提升性能？了解了这些情况，我才能更好地向您介绍相关情况。

★非常感谢您对产品更新计划的关注，能具体说一说您希望产品在哪些方面进行更新或改进吗？我们会认真考虑您的建议。

场景 6   客户抱怨交付延迟

青铜

☆哦，那可能是因为最近订单太多了。

王者

★真的不好意思，交付时间超出了您的预期。我们会全力以赴地协调资源，争取尽快解决问题。

★感谢您及时反映交付延迟的问题，这对我们来说非常重要。能具体说说是什么时候、哪个订单交付延迟了吗？我们立刻着手处理，并确保今后不再发生类似情况。

场景 7   客户想要定制产品

青铜

☆定制服务啊，我们可能做不了，流程太麻烦了，你看看现成的产品行不行？

王者

★您想定制产品，这是个很有创意的想法。请具体说一下您对定制产品的关键需求，是个性化的功能模块，还是独特的包装设计？我们会根据您的需求，探讨定制的可行性方案。

★听到您有定制产品的意向，我们很感兴趣。请问您需要满足什么样的场景及使用要求呢？我们会根据您的要求，为您提供合适的定制方案。

场景8　客户反馈产品操作复杂

 青铜

☆操作不难啊，大家都这么用，你多试试就会了。

 **王者**

★非常抱歉！产品操作给您带来困扰。您可以具体讲一讲是哪些操作步骤让您觉得复杂，是初次使用的设置，还是日常使用中的某个功能的操作呢？我们会根据您的反馈，考虑优化操作流程或提供更详细的操作指南。

场景9　客户询问产品培训服务

 青铜

☆培训就是简单地讲讲怎么用，到时候再说吧，没什么特别的。

 王者

★您好，关于产品培训服务，您可以详细说一下对培训内容深度、广度的要求吗？还有，您希望培训在什么时间、以什么频次进行呢？我们会制订符合您需求的培训计划。

★请问您之前接受过的培训方式中，哪些您觉得效果好，哪些您觉得有待改进，以及希望我们的培训能帮助您解决哪些产品使用上的困难？

 **场景 10 客户咨询产品与其他系统的兼容性**

 **青铜**

☆应该能兼容吧，具体我也不太清楚，你自己试试不就知道了。

王者

★您咨询产品与其他系统的兼容性，这是个很重要的问题。可以先告诉我一下，需要与这款产品兼容的系统的名称、版本等信息吗？我们会在查询资料后给您准确的答复。

六度分隔理论，构建你的社交圈

 **同事分享项目最新进展**

 青铜

☆哦，知道了，项目不就那样吗？我正忙呢，晚点再说吧。（之后因不了解进展，在与客户沟通时提供了错误信息，陷入被动局面。）

 王者

★你分享的肯定都是关键信息。是不是在进度、质量或者资源方面有新变化？我得认真记下来，确保自己后续的工作能跟上项目进度。

★我正想了解项目的最新情况呢！是有新突破吗？有什么需要我配合的地方，你详细讲讲，这对我接下来的工作安排很重要。

场景 2　同事分享新政策解读

青铜

☆新政策？我刚才没听，跟我工作关系不大吧？（因不了解新政策，在工作中违反规定，受到处罚。）

王者

★我听得很仔细，新政策对我们部门的报销流程有影响，我得赶紧整理一份指南发给大家，确保大家都能适应新变化。

场景 3　同事告知重要会议变动

青铜

☆嗯，好像听到你说会议怎么了，我等会儿再问你，先别打扰我。（结果错过会议，被领导批评。）

王者

★洗耳恭听，会议怎么变动了？这关系到我手头的工作安排。有没有需要我协助准备的？麻烦你详细说明一下。

★啊，这个会议很重要，你快说。是时间改了，地点换了，还是议程有调整？我得赶紧记下来。

 **同事分享客户最新需求**

 **青铜**

☆客户需求？我大概知道，你简单说几句就行，我心里有数。（由于没听清关键需求，工作方向错误，浪费了大量时间。）

 王者

★认真听着呢，客户需求可是工作的导向。请你讲讲是紧急需求还是长期规划，以及他们对需求的优先级排序，以便我合理安排工作。

★新客户的需求听起来挺具体的，你提到的那几个点都很关键，我们得好好把握住，这样才能提供令客户满意的服务。

 **同事提醒工作中的潜在风险**

 **青铜**

☆能有什么风险，你别危言耸听了，我做的事我心里清楚。（后来出现危机，工作陷入困境。）

 王者

★我很重视你说的潜在风险。你详细说说，咱们哪个环节可能出现问题，出现损失的概率是多少？咱们得早做准备，不能等问题出现了才着急。

★项目风险评估十分重要，你提到的那个监控机制很关键，我们得确保风险在可控范围内，不能掉以轻心。

 **场景 6　同事提醒即将到来的任务截止日期**

青铜

☆我知道大概时间，你别老提醒我，我心里有数。（最终因错过截止日期，影响了整个项目的进度。）

王者

★太感谢你提醒我截止日期了，我差点儿疏忽了。我得赶紧规划一下，确保按时完成任务。

★除了最终日期，有没有需要特别注意的关键节点？你详细讲讲，以便我合理调整工作节奏。

 **场景 7　同事分享市场调研的重要发现**

 青铜

☆估计也没什么特别的，你简单说几句，我听着就行。（因未重视重要发现，制定的市场策略失误。）

王者

★市场调研的重要发现对我们制定策略很关键，请你详细说说，是发现了新的市场需求，还是发现了竞争对手的弱点？具体数据和情况怎么样，我得好好分析。

★你讲讲发现的背景、具体内容和对我们业务的潜在影响，我们一起探讨应对策略。

 **场景 8　同事分享解决技术难题的思路**

 青铜

☆我自己能解决，你那思路不一定行，我按我的方法来。（因忽视了有效解决办法，长时间无法攻克技术难题，项目停滞。）

 王者

★我正在为这个技术难题发愁呢。你分享的思路是针对哪个环节的，有没有类似的参考案例？你详细说说，我们一起来解决这个难题。

★哇，你有解决技术难题的思路啦！快讲讲，说不定能帮我节省不少时间呢。

职场实用小工具

深度倾听技巧

1. 全神贯注

· 保持眼神接触，展现你的专注。

· 放下手机或其他可能分散注意力的物品。

2. 不打断

· 尊重对方的发言，不要急于插话或打断。

· 让对方完整地表达自己的想法和感受。

3. 积极反馈

· 通过肢体语言（如微笑、点头）和口头语言（如"我理解""我同意"）给予积极反馈。

4. 澄清疑问

· 如果对对方的话有疑问，可以适时提出疑问。

· 使用开放式问题（如"你能具体说说吗？"）来鼓励对方进一步阐述。

5. 总结复述

· 在对方发言结束后，复述或用自己的话总结对方的主要观点。这有助于确保你正确理解了对方的意思，并让对方感受到被尊重和被理解。

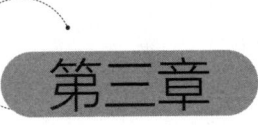

第三章
协作舞台的段位博弈

第一节 分工难题与破解之法

职场中的每个团队都如同一部精密运转的机器，团队成员就是这部机器中不可或缺的部件。然而，当项目任务分配不合理，成员工作量失衡，这部机器便会运行不畅，甚至停摆。如何破解分工难题，成为每一位管理者和团队成员必须面对的挑战。

一、分工不均：团队协作的"绊脚石"

1. 工作量失衡

任务分配不合理的现象在职场中屡见不鲜。部分成员承担着繁重的工作任务，每天加班加点，忙得焦头烂额；而另一部分成员的工作量却极少，甚至无所事事。这种工作量的巨大差异，不仅让承担过多工作的成员身心俱疲，产生抱怨和不满情绪，而且严重影响团队的整体效率。

2. 任务分配与能力不匹配

有些成员被分配到的任务难度远超他们的能力范围，导致工作进展缓慢，质量难以保证，就像"小马拉大车"，力不从心；而有些成员则被分配到过于简单的任务，无法充分发挥他们的专业技能，造成了"大材小用"。这种任务分配与能力不匹配的情况，不仅导致工作效率低下，也影响团队成员的工作积极性和自信心。被分配到超出能力范围的任务的成员，可能会因为多次失败而产生自我怀疑和挫败感；而被"大材小用"的成员，则可能觉得自己的价值得不到充分体现，从而对工作失去热情和动力。

3. 个人目标与团队整体目标冲突

在职场中，每个人都有自己的职业目标和规划。这些个人目标有时会与团队的整体目标产生冲突。例如，某个成员可能更希望在自己的专业领域精耕细作，而团队却需要他承担一些跨领域的任务；或者某个成员追求的是短期的业绩提升，而团队则更注重长期的发展和稳定。当个人目标与团队目标冲突时，成员可能会产生抵触情绪，不愿意全力投入团队的工作。这种内心的矛盾和挣扎，不仅会影响成员的工作表现和团队氛围，还可能引发团队内部的竞争和消耗。成员之间可能会因为争夺资源、抢功邀赏而产生矛盾和摩擦，导致团队凝聚力和战斗力下降。

二、破解分工难题的智慧之道

1. 方圆并用的管理艺术

在解决职场分工难题时，领导者需要运用方圆并用的智慧。

"方"代表原则和规则，意味着在任务分配过程中，要建立科学合理的分配机制，明确任务的标准和要求，确保公平公正。领导者要根据项目的目标和需求，结合成员的专业技能、经验和能力，制订详细的任务分配计划，避免随意分配任务导致工作量失衡等问题。

"圆"则代表灵活性和人性化。在执行规则的过程中，要根据实际情况进行适当调整，关注成员的感受和需求。例如，当成员在执行任务过程中遇到困难时，领导者要及时给予支持和帮助，灵活调整任务安排，确保项目顺利进行。对于团队中出现的矛盾和冲突，领导者要以灵活的方式进行沟通和协调，化解矛盾，促进团队和谐。

比如，在一个项目启动初期，领导者可以制订明确的任务分配标准和项目时间表，让每个成员清楚自己的职责和任务目标。在项目执行过程中，如果某个成员因为突发情况无法按时完成任务，领导者可以灵活调整其他成员的任务安排，给予该成员一定的帮助和支持，同时组织团队成员共同探讨解决方案，确保项目整体进度不受影响。

2. 接纳差异，发挥优势

人们往往为了追求完美，而试图掩盖自己的缺陷。然而在职场中，正视并合理利用自己的"缺陷"，反而能成为一种优势。每个人都有自己的特点和不足，这些所谓的"缺陷"在合适的情境下可能会转化为独特的优势。

例如，性格内向的成员可能在沟通方面相对较弱，但他们往往具有更强的专注力和耐心，适合从事一些需要细致和深度思考的工作，如数据分析、文案策划等。领导者要善于发现成员的这些特点，根据任务需求合理分配工作，让每个成员都能在适合自己的岗位上发挥最大作用。同时，成员自身也要接纳自己的"缺陷"，并努力将其转化为优势，通过发挥优势，提升自己在职场中的竞争力。

团队成员之间也要学会理解和包容彼此的"缺陷"，认识到每个人的差异都是团队多元化的体现。通过相互支持和协作，发挥各自的优势，弥补彼此的不足，实现团队整体效能的提升。

3. 凝聚团队的情感力量

在资源有限的情况下，以情动人能够激发团队成员的积极性和创造力，促使他们主动克服困难，共同创造资源。领导者要关注成员的情感需求，营造相互信任和相互尊重的和谐氛围。通过关心成员的工作和生活，及时给予鼓励和支持，让成员感受到团队的关爱和尊重，从而增强他们对团队的归属感和忠诚度。

例如，在项目面临资源紧张、时间紧迫的压力时，领导者可以组织一次团队建设活动，与成员们坦诚交流，分享项目的挑战和目标，表达对成员的信任和期望。在活动中，关心成员的工作感受和生活困难，给予实际的帮助和支持。这种情感上的沟通和关怀能够激发成员的内在动力，让他们愿意为团队的成功全力以赴。成员们可能会主动提出一些创新的想法和解决方案，通过挖掘自身潜力并利用身边资源，共同克服资源不足的难题。

此外，团队成员之间也要相互关心、相互帮助，形成良好的情感支持网络。当某个成员遇到困难时，其他成员能够主动伸出援手，给予精神上的鼓励和物质上的帮助。这种以情动人的团队氛围能够增强团队的凝聚力和战斗力，使团队在面对各种困难时都能齐心协力，共同攻克难关。

总之，职场分工是一个复杂的问题，它涉及任务分配、目标协调、资源管理等多个方面。但只要我们拥有方圆并用的智慧，接纳成员的差异并发挥其优势，以情动人，凝聚团队力量，就能够破解这些难题。让我们在职场中运用这些智慧，突破困境，向着职业进阶的目标稳步迈进，创造更加辉煌的业绩。

方圆并用，无往不胜

场景 1　分配紧急项目任务

 青铜

☆小李，这个紧急项目就交给你了，周末加班处理完，其他人先忙手头的事。

 王者

★伙伴们，现在有个紧急项目，时间紧、任务重。小李，你在相关领域经验丰富，技术能力强，想请你牵头负责核心部分；小王，你的沟通协调能力出色，帮忙处理对接工作；小张，你擅长数据分析，协助小李做好数据支持工作。大家一起加把劲，项目完成后，我们会有相应的绩效奖励和调休安排。

★团队注意，有紧急任务。结合大家当前的工作，对紧急任务进行分工：小王负责主要板块，小李从旁协助关键环节，其他人在完成本职工作后为他们提供必要的支持。相信我们能很好地应对这次考验。

 **场景 2　将一个大型项目拆分给团队成员**

 青铜

☆这个项目很大，你们几个人看着办吧，总之最后我要看到成果。

王者

★考虑到大家的专长，小张负责协调各方资源，小李负责技术开发，小王负责市场推广。这样分工，每个人都能发挥所长。

★这是我们今年最大的项目，对我们团队来说既是挑战也是机遇。我们需要一起制订一个详细的计划，根据每个人的能力与时间来分配任务，确保大家都能发挥自己的长处，一起努力把工作做好。

★这个大项目时间紧、任务重，为了能高效地完成任务，我会根据大家的专长把这个项目进行拆分，希望大家精诚团结，共创佳绩。

 **场景 3　分配一个长期且复杂的项目**

 青铜

☆小张，你负责这个项目的大部分工作，小李和小王就帮忙打下手吧。

 **王者**

★这次的长期项目较为复杂，需要具备多方面的能力并投入大量精力。我打算组建一个项目小组：小王，作为组长负责整体统筹工作；小李，负责关键技术的攻克；小赵，做好项目文档和流程管理。大家相互配合，定期召开小组会沟通进展，有问题随时提出来，我们一起解决。

 场景 4　团队成员对分配的任务表示不满

 青铜

☆这是任务分配，不是你能挑三拣四的，赶紧做！

王者

★感觉你对这项任务有些担心，我们一起来看看这个任务的具体要求吧！如果能找到更适合你的部分，我们就调整一下分配方案。

★你的意见很重要，如果你觉得这个任务分配有问题，我们可以一起讨论并找到更好的解决方案。我们的初衷是让每个人都能发挥自己的优势，共同完成任务。

 **团队成员能力差异较大，**
任务分配困难

 **青铜**

☆能力强的多做点，能力弱的少做点，就这样定了。

王者

★我们团队中每个人都有自己的长处和短处，我会根据大家的工作能力来合理分配任务，确保每个人都能顺利完成工作。

★我很清楚大家的能力有差异，我会合理安排工作任务，尽量让每个人都能发挥自己的优势，同时公司也会提供培训和支持，帮助大家提升技能。

 **场景6** **上次任务不佳的后续安排**

 青铜

☆上次你的任务完成得不好，这次就少分点给你吧。

王者

★上次的任务可能让你感到有些挫败，别灰心。这次我会给你一个新的机会，展示你的能力。我相信你能抓住这个机会，证明自己。

★我知道上次的任务对你来说是个挑战，但这也是一次成长的机会。这次我会给你更多的支持和指导，相信你能克服困难，顺利完成任务。

 **场景 7** **提议自主分工**

 青铜

☆你们几个人自己商量着分任务吧，我不管了。

 **王者**

★我会给你们一些指导，但最终的分配还是由你们自己决定。我们要确保每个人都能接受并完成任务，一起为团队的成功贡献力量。

★你们几个人可以根据自己的能力和兴趣来安排各自的任务，但记住要保持团队的整体目标和进度一致。我会在需要的时候提供帮助。

 **场景 8** **分配难题任务**

 青铜

☆这个任务很难，只有你能做，你加油吧！

 王者

★这个任务虽然难，但也是你展示自己能力的机会。我相信你能行，我们会一起跟踪进度，共同面对挑战。

★我知道这个任务对你来说是个难题，但我们可以一起想办法解决。你有什么需求，尽管告诉我，我会尽力帮助你。

场景 9　分配新业务领域的项目

青铜

☆这个新领域的项目，你去试试，有困难再说。

王者

★小李，新领域的项目就交给你了。在开始之前，我们一起制订一个详细的工作计划，明确每个阶段的目标和任务。我会协调公司内部资源，为你提供必要的支持和帮助。同时，你要积极和团队成员沟通交流，分享你的想法和进展。遇到困难不要气馁，我们一起想办法解决，相信你一定能在新的领域取得突破！

在缺陷中寻找力量

 **场景 1　领导分配的任务与你的职业规划不符**

 青铜

☆领导，你给我分配的这个任务与我的专业无关，我不想做，我想做能提升我专业技能的工作。

 王者

★领导，我特别感谢您一直以来对我的信任和栽培。关于职业发展方面，我近期在重点学习××（具体方向），这次分配的任务虽然能积累通用经验，但如果有机会接触与××技能更契合的工作模块，相信既能提升我的专项能力，也能为团队创造更多价值。

★领导，我对您分配的任务没有任何抵触情绪。其实我十分明白团队任务的重要性，只是我自己制订了一个职业规划，希望能在××（具体方向）积累经验并提升技能。这次的任务和我的规划不太契合，但我愿意听从您的安排，也希望您能考虑一下我的情况。如果实在没办法调整，我也会努力完成任务，不耽误团队的工作。

场景 2　领导要求你承担不擅长的任务

 **青铜**

☆领导，这个任务我不擅长，您找别人吧，我做不好。

 **王者**

★领导，我知道您一直都很信任我，不过我对这个任务确实有些担心。咱们能不能一起制订一个计划，让我逐步熟悉这个任务，这样我也能更好地为团队服务。

★领导，我理解您的安排，不过您也知道这个专业不是我的强项。咱们能不能一起找找比我更合适的人选，或者我能不能在其他方面为团队贡献力量？

 **领导要求你承担额外任务**

 青铜

☆领导，您这是要为难我吗？这么多任务，我怎么可能完成得了？

 **王者**

★领导，我知道这些任务都很重要，不过我现在已经超负荷了。咱们能不能商量一下？调整一下任务安排，以便我能更好地完成工作。

★领导，我理解您急切的心情，不过这些任务确实太多了。能不能找些帮手或者调整任务的优先级？

 **团队分工导致个人发展受阻**

 青铜

☆领导，现在的团队分工让我根本没什么发展空间，天天做这些重复的事情，我都快没动力了，你得给我换个方向。

 王者

★领导，我想跟您聊聊团队分工的事。我得承认，自己在心态调整方面做得不够好，最近因为工作重复有些焦虑。您经验丰富，能不能帮我看看，在现有分工的基础上，有没有机会让我参与一些

职场高手

其他方面的工作，或者给我一些学习和提升的建议？

场景5　同事之间对合作任务的分工有分歧

青铜

☆你怎么想的，这部分就应该你做，别老是推给我。

王者

★我发现我们对合作任务的分工持有不同的意见，这其实是一个很好的交流机会。我想我们可以坐下来，一起把任务的各个部分详细梳理一下，根据我们各自的优势和能力重新讨论分工。

场景6　发现自己分配到的任务与同事的重合

青铜

☆领导，你的任务分配有问题啊，我和××（同事名字）的任务都重合了，这不是浪费人力吗？

王者

★领导，我注意到我和××（同事名字）的任务内容存在部分交叉。反思后发现，我在主动同步进度和及时确认分工细节上做得不够到位，给您和团队带来不便，深表歉意。我已梳理手头工作的完整框架，并与××（同事名字）沟通了彼此的工作重点，能否请您抽空对我们进行一些指导?

 **同事之间因任务分配产生竞争心理，影响合作**

 **青铜**

☆你别跟我争这个任务，我做得肯定比你好，你就别插手了。

王者

★我感觉我们在这个任务分配上似乎产生了一些竞争心理。我反思自己可能过于急于表现，没有考虑到团队合作的重要性。你在××（对方优势方面）很出色，我在××（自身优势方面）也有经验，我们一起合作，一定能把任务完成得更出色，你觉得呢?

 **同事因任务调整产生不满情绪**

 青铜

☆你的情绪很重要吗?

 王者

★我意识到自己在沟通任务调整时存在沟通不及时、信息同步不充分的问题，未能提前向您说明具体情况，这是我的疏忽。这次任务调整确实比较突然，但初衷是为了让整个项目更好地推进。你已经在当前任务上投入了很多精力，为兼顾项目进度，也充分考虑你的实际工作负荷，我建议我们一起重新分配工作内容。后续我会加强主动沟通，积极与你配合，确保信息透明。这个方案你是否有补充意见？

★关于任务调整的事情，我得检讨自己在考虑问题时不够全面，没有顾及你的难处。这次调整是基于××（具体原因）做出的决定，但这让你有些困扰。我们坐下来，把任务调整的细节和你的工作现状详细分析一下，制订一个过渡计划，让你能平稳地适应新任务。在这个过程中，如果你有任何想法或建议，可以随时提出来，我们一起解决。你愿意和我一起商量吗？

职场实用小工具

团队任务分配优化模型

RACI模型

1. 要素

执行者(Responsible)：负责执行任务的人,具体执行并完成任务。

负责人（Accountable）：对任务的结果负责,拥有最终决定权的人。

被咨询者（Consulted）：在任务执行过程中提供意见或建议的人。

被通知者（Informed）：需要被通知任务进展情况的人，但不参与决策。

2. 应用场景

跨团队协作的复杂项目,跨文化和地域的沟通与合作,敏捷开发和变更管理,持续运营流程的标准化管理。

3. 优点

权责明晰：避免职责不清和推诿现象。

提高组织灵活性：便于团队重组或成员变动时的职责调整。

降低沟通障碍：快速定位问题责任人,提高沟通效率。

GRPI模型

1. 要素

目标（Goals）：设定明确、可衡量的团队目标。

角色（Roles）：明确团队成员的职责和职权。

流程（Processes）：建立清晰、高效的工作流程。

人际关系（Interpersonal Relationships）：加强团队成员之间的沟通、信任和合作。

2. 应用场景

新组建的团队：帮助团队快速明确目标、角色和流程。

功能失调的团队：分析并解决未能达成目标的根本原因。

3. 优点

系统性强：全面考虑团队运作的各个方面。

操作性强：提供具体的实施步骤和方法。

格兰特团队效能模型

1. 要素

沟通渠道：建立清晰、高效的沟通渠道，确保信息准确传递。

信息共享：促进团队成员之间的信息共享，增强团队凝聚力。

协作机制：建立有效的协作机制，确保团队成员协同工作。

2. 应用场景

信息密集型团队，如咨询团队、研发团队等，强调信息共享和沟通。

跨文化团队，帮助团队成员克服文化差异，促进沟通与协作。

3. 优点

强调沟通核心：提高团队成员之间的信息共享和沟通效率。

增强团队凝聚力：通过有效的沟通和协作，增强团队整体效能。

第二节　冲突旋涡与化解之道

一、职场冲突：性格与利益的碰撞

职场冲突，究其根本，是人性与利益的交织碰撞。性格不合，是职场冲突的一大源头。每个人都有自己独特的成长背景、价值观和行为习惯，这些差异在职场合作中难免会产生摩擦。有的人性格直率，言行直接，可能会无意中伤害同事的感情；有的人则内向沉默，不善于表达自己的想法，导致沟通不畅，误解丛生。

利益是职场中一个敏感且无法回避的话题。薪酬待遇、晋升机会、项目成果归属等利益问题，常常成为引发激烈冲突的导火索。当利益发生冲突时，人们往往会为了维护个人利益而据理力争，甚至不惜牺牲团队的整体利益。

面对这些冲突，有些人可能会选择逃避或妥协，但这并不是长久之计。真正的智者，会勇敢地面对冲突，用智慧和策略去化解它。

二、不同类型冲突的针对性化解策略与技巧

1. 工作理念冲突

深度倾听，探寻根源：工作理念的冲突往往源于不同的专业背景、工作经验和个人价值观。当冲突发生时，首先要静下心来，认真倾听对方的观点和想法，深入了解对方的立场和背后的原因。

数据支撑，理性判断：在倾听的基础上，引入客观数据和事实进行分析。比如对于产品研发方向的争议，可以收集市场调研数据、用户反馈信息以及行业发展趋势报告等，对比不同研发方向的

潜在市场需求、成本投入、技术可行性和风险程度等指标。通过数据直观呈现，团队成员能够更加理性地看待冲突，避免盲目争论和主观臆断。

优势互补，创新融合：在分析数据和了解对方观点的基础上，寻求双方理念的契合点，尝试将不同的理念进行融合创新。

2. 资源分配冲突

明确资源需求：首先要明确各自对资源的需求和优先级。通过理性的讨论，找到一种相对公平的资源分配方案。

寻求替代方案：如果资源有限，无法完全满足各方的需求，可以考虑寻求替代方案。例如，通过优化工作流程、提高工作效率等方式，减少对资源的依赖。

引入第三方意见：这个第三方可以是共同的上级、人力资源部门或有经验的同事。他们可以提供客观的建议，帮助双方更好地解决问题。

3. 性格不合与沟通不畅

尊重差异：性格不合是职场中常见的问题。每个人都有自己的性格特点和处事方式，要尊重彼此的差异，学会包容和理解。

改进沟通方式：可以尝试改变沟通方式，如调整语气、表情和肢体语言等，以更友好、更开放的态度与对方沟通。

寻求专业的帮助：如果问题持续存在，而且对团队工作产生了严重影响，可以考虑寻求专业帮助。例如，通过参加沟通技巧培训、心理咨询等方式，提升自己的沟通能力和心理素质。

三、保持谦逊，不卑不亢

在职场中，我们总会遇到比自己更优秀、阅历更丰富的前辈或同事。面对这些强者，我们该如何自处？

我们要保持谦逊。谦逊并不是懦弱或自卑，而是一种对自己和他人都有清晰认知的智慧。我们每个人都有自己的长处和短处，强者之所以成为强者，是因为他们在某个领域或方面有比我们更出色的能力和更丰富的经验。我们应该尊重这种差异，虚心求教，而不是盲目自大，认为自己无所不能。

自以为是只会让我们失去学习的机会，甚至引发不必要的冲突。当我们自大地认为自己总是对的，不愿意听取他人的意见时，就会陷入故步自封的境地。而职场是一个不断变化和发展的环境，只有保持开放的心态，才能不断适应新的变化，提升自己的能力。

保持谦逊，并不意味着我们要完全放弃自己的立场和观点。相反，我们应该在尊重他人的基础上，勇敢地表达自己的看法和想法。当出现不同意见时，我们要以诚恳、理性的态度与强者进行沟通，寻求共识。这样既能维护自己的尊严和利益，又能促进团队的和谐与进步。

保持谦逊，不卑不亢

 **场景 1　与技术领域专家讨论方案**

 青铜

☆你选的这个技术方案太普通了，根本无法凸显我们项目的创新性。我研究的×××（某新技术方案）才是未来趋势，你就别守着旧方案了，赶紧换成我的吧。

 **王者**

★您在技术领域的成就有目共睹。我对您的方案中的×××（某新技术）比较感兴趣，想了解一下，如果尝试采用这项新技术，在技术对接和项目成本方面可能会遇到什么问题？希望您能够

讲解一下。

★听了您的技术方案，我深受启发。您提出的方案优势明显，我还接触过×××（某新技术），想和您探讨一下，是否可以将部分理念融入您的方案？若有不当之处，还望您批评指正。

 **场景 2　在技术研讨会上质疑专家观点**

 青铜

☆你讲的都是错的，我比你懂得多，别误导大家，我早就研究过这个问题了。

王者

★非常感谢您在研讨会上分享这么深刻的观点，让我深受启发。不过我在实践中遇到了一些与您讲述的不同的情况，想请问您怎么看，能不能给我一些指导？

 **场景 3　想改善技术文档的撰写规范**

 青铜

☆专家，你定的这个技术文档撰写规范太死板了，很多内容没必要写得那么详细，太浪费时间。我觉得按我的方式写，简洁明了。

王者

★专家，我认真学习了您制定的技术文档撰写规范，这些规范是保障技术传承和项目顺利进行的关键。有个疑问想请教您，有些技术细节对于熟悉该领域的人来说可能比较浅显，是否可以简化描述，在保证关键信息完整的情况下，提高撰写效率呢？希望您能给予指导。

场景 4　向经验丰富的管理者提出公司战略调整建议

青铜

☆王经理，你的这个公司战略太保守了，完全跟不上市场变化。我研究了好几天，觉得必须马上调整，要加大在新兴业务上的投入，把传统业务砍掉一半，你就按我说的做，保证能让公司业绩翻一番。

王者

★王经理，在您的领导下工作，我学到了很多关于公司战略规划的知识。我最近对市场趋势和公司业务做了一些研究，有一些不太成熟的想法想向您请教。目前新兴业务发展迅猛，我注意到××（阐述新兴业务的市场数据和发展潜力）。我在想，我们可以在巩固传统业务的基础上，适当加大对新兴业务的投入，比如先试点开展××（具体新兴业务项目），看一下效果如何。我的考虑可能不够周全，还请您从专业角度帮我分析一下，给我一些指导意见。

★王经理，您在公司战略制定方面的前瞻性让大家十分钦佩。最近我通过行业报告分析和市场调研发现，市场环境发生了一些变化，比如××（列举具体市场变化，如消费者需求的转变等），这让我对公司现有的战略产生了一些思考。我觉得或许可以开拓××（具体新兴业务领域），寻找新的增长点。这只是我的初步想法，肯定有很多不足之处，希望您能帮我看看，这样的调整是否可行。

 **场景 5　对管理者制定的团队激励方案有异议**

 青铜

☆张经理，你制定的这个团队激励方案太普通了，根本起不到激励作用。我觉得应该大幅度提高奖金，不然团队的积极性就提不起来。

 王者

★张经理，您的团队激励方案肯定是综合考虑了团队目标、成员需求和公司成本等多方面因素才制定的，我特别佩服您的周全考虑。我希望从团队成员多元化需求的角度提出个小建议，除了物质奖励，如果增加一些荣誉表彰和培训机会，是否能更好地激励不同类型的成员，提高团队整体的积极性呢？还请您多多指教。

场景 6　质疑管理者安排会议的合理性和必要性

 **青铜**

☆张经理，你安排的团队会议时间和内容都不合理，总是开些没意义的会，还占用大家休息时间。

王者

★张经理，非常感谢您一直费心安排会议，大家的工作效率都有了很大提升。近期大家反馈会议时间和内容都还可以进行优化，您的经验丰富，是否可以指点一下，如何能错锋开会并聚焦核心议题呢？非常期待您的指导和支持。

场景 7　与人脉广泛的社交达人合作拓展业务

 青铜

☆你那点人脉算什么，我认识的人比你还多，别在我面前显摆。

王者

★您的人脉资源真是太丰富了，我非常佩服。希望能紧跟您的步伐，拓展一些业务。另外，我想请教一下，您是怎么建立和维护这些关系的，有什么秘诀吗？

★您的社交能力真是太强了，我非常愿意向您学习，也想跟您合作，一起拓展业务。

 **场景 8　与社交达人争夺人脉资源**

 **青铜**

☆张总，你别想着和我抢××（目标人脉），这些人脉资源我都盯着好久了，你就别插手了。我已经有合作计划了，他们肯定会选我，你就放弃吧，别白费力气了。

 **王者**

★张总，您在这个领域深耕多年，大家都很信任您。最近我也在研究他们的××（某业务），如果您觉得有冲突，咱们可以坦诚沟通一下，看看怎么才能给他们创造更大的价值，您觉得呢？

化解冲突，寻求共识

场景 1　**同事认为你抢了他想负责的任务**

 **青铜**

☆反正领导就是把任务交给我了。你与其有工夫跟我争辩，不如反思一下自己的问题吧！

王者

★我想跟你聊聊这次任务分配的事儿。我听说你对这个任务也很感兴趣，其实我也是。可能之前我们没有沟通好，让你觉得我抢了你的任务，我真的不是故意的。我申请这个任务是因为我觉得自己在××（相关技能或经验）方面有一些优势，能更好地完成它。

听说你在××（对方优势方面）也很出色，要不我们一起合作，发挥各自的长处，共同把这个工作完成好，你看怎么样？

 **场景 2　同事之间因工作进度不一致产生矛盾**

 青铜

☆你能不能快点啊，你这么慢，都耽误我进度了，你到底怎么回事，能不能别拖后腿？

 **王者**

★我发现我们的工作进度出现了一些差异，这让我有点担心，因为我们之间的工作密切相关，需要高度配合。我们是一个团队，如果你在工作中遇到了困难，我很愿意和你一起找到解决办法，比如我们可以一起分析一下工作流程，看看有没有可以优化的地方，或者我可以帮你分担一些任务。我们一起加快进度，争取尽早完成任务，你看可以吗？

 **场景 3　你与同事在项目推进上出现分歧**

 青铜

☆你这样根本行不通，我的方法才是对的！

 **王者**

★你的方法很稳妥，不过我想尝试点新的思路，咱们能不能先试试我的方法，不行再换你的?

 **场景 4　与同事争取办公场地资源**

 **青铜**

☆这个新的办公区域我必须要，我的项目组需要更宽敞的空间，你们就别和我争了，你们现在的地方够用。

 **王者**

★我理解大家都希望团队有更舒适的办公环境，但目前办公场地资源紧张。我负责的项目组因为××（阐述具体原因，如接待客户频繁等），对场地的需求较为迫切。要不我们一起评估一下各自团队的场地需求细节，按照紧急程度和使用时长来分配，还可以考虑空间共享，这样既能满足大家的需求，又能促进团队间的交流合作，你愿意和我一起探讨这个方案吗?

 **场景 5　你与同事沟通不畅，
这导致工作进展缓慢**

 **青铜**

☆你怎么这么笨，连话都听不懂!

王者

★我发现我们的沟通方式好像有点儿不太一样，要不我们调整一下，我用更直接的方式表达，你也尽量简洁明了地说，怎么样？

★看来我们在沟通上不太顺畅，要不我们定个规矩，每天开个短会，把各自的想法和进度都说清楚，避免误解？

场景6　与同事工作风格冲突

青铜

☆你怎么这么慢，我做事从来都是雷厉风行的！你能不能快点？

王者

★我发现我们的工作风格不太一样，不过我相信这正好可以互补。你精益求精，我行动迅速，我们可以把彼此的优点结合起来，一起把项目做得更好。你觉得呢？

★你做事很细致，我很欣赏你的工作风格。不过，有时候我们可能需要更快一些。要不我们试试在保证质量的前提下，加快一下进度？我可以多帮你分担一些需要快速处理的工作。

 **场景 7　　申请项目预算**

 青铜

☆这个项目预算我必须多拿，我的项目难度大、周期长，你们的都很简单，不需要那么多钱，别和我抢，预算就该多给我。

王者

★我知道预算资金紧张，而且大家都有需求。我负责的项目有广阔的市场前景，一旦成功，能为团队带来××（具体收益预测）。我想我们可以把各自项目的商业计划书拿出来，一起讨论，依据项目的战略性和投资回报率来分配预算，你愿意一起探讨吗？

 **场景 8　　反馈方式冲突**

 青铜

☆你怎么这么敏感，我就说了几句实话而已！你不能接受批评吗？

王者

★我的反馈可能让你感到不舒服，我对此表示歉意。其实我很欣赏你的工作，只是想提出一些建议，让你更上一层楼。以后我们可以找个更合适的方式交流，比如私下里聊聊。

★很抱歉我的反馈方式让你感到不高兴。我其实是想帮助你进步，没想到会让你感到受伤。以后我会更加注重我的表达方式，同时也会多听听你的想法和意见。

你与同事都想在项目中拥有更多的决策权

青铜

☆这个项目必须由我来主导，你听我的就行了！

王者

★我觉得我们在决策上应该更民主一些，不如我们共同负责，遇到重要问题时一起商量，你觉得怎么样？

★看来我们都对这个项目很感兴趣，你的经验很丰富，我的创意也很多，要不我们一起合作，你负责整体把握方向，我负责具体执行和创新改进，怎么样？

职场实用小工具

职场冲突调解流程

一、起始阶段

1. 冲突识别

发现并确认职场中存在冲突。

意识到冲突需要得到调解。

2. 冲突双方确认

确定冲突涉及的双方或多方当事人。

二、准备阶段

1. 收集信息

了解冲突的背景、原因、过程和影响。

听取冲突双方的陈述和诉求。

2. 选择调解方式

决定是采用面对面调解、第三方调解还是其他形式的调解。

三、调解阶段

1. 开场与介绍

调解员介绍自己、调解流程和调解原则。

确保冲突双方了解调解的目的和意义。

2. 陈述与倾听

冲突双方轮流陈述自己的观点、感受和诉求。

调解员积极倾听，不打断、不评价。

第四章

竞争赛场的段位较量

第一节　晋升荆棘中的奋进之路

在竞争激烈的职场环境中，晋升是每一位职场人梦寐以求的目标，它意味着个人职业价值的提升，也伴随着更多的责任与机遇。然而，现实的职场之路却布满荆棘。

一、论资排辈：能力者的困境

论资排辈这一传统观念在职场中根深蒂固，它如同一条无形的枷锁，束缚着人才的发展。在一些企业中，员工晋升往往更多地取决于在公司的工作年限，而非个人的能力和业绩。那些初入职场便展现卓越才华和能力的新人，即便在工作中取得了出色的成绩，也常常因为资历尚浅而被忽视，晋升机会总是优先给予那些在公司工作多年、经验丰富的老员工。

这种论资排辈的现象严重打击了人才的积极性和创造力。他们在工作中付出了大量的努力，不断提升自己的专业技能，甚至为公司创造了显著的价值，却得不到应有的认可和回报。以一位年轻的市场专员为例，他凭借敏锐的市场洞察力和出色的营销策划能力，成功策划并执行了多个影响力广泛的市场推广活动，为公司带来了大量的新客户和新业务。然而，在晋升机会面前，他却输给了一位工作年限更长但业绩表现并不突出的同事。这位年轻专员的努力和成果被忽视，他的职业发展道路也因此受到了严重的阻碍。

论资排辈还会导致企业内部人才结构不合理。那些真正有能力的人因为得不到晋升机会，可能会选择离开公司，去寻找更能发挥自己才能的平台。这不仅会造成企业人才的流失，还会影响企业的创新能力和竞争力。长此以往，论资排辈的观念会使企业陷入僵化的发展模式，难以适应快速变化的市场环境。

二、不正当竞争：晋升路上的绊脚石

在业绩竞争的赛道上，不正当竞争手段如同绊脚石，随时可能绊倒努力奋进的职场人。一些人为了达到晋升的目的，不惜采取不正当手段打压竞争对手。这种不正当竞争行为不仅违背了职业道德，而且破坏了公平竞争的职场环境。

常见的不正当竞争手段包括恶意诋毁、抢夺功劳、泄露商业机密等。比如，在一个项目团队中，某位成员为了在领导面前突出自己的表现，故意在项目汇报中贬低其他成员的贡献，将团队的成果归功于自己。还有些人会在背后散布关于竞争对手的谣言，试图破坏其在领导和同事心中的形象。更有甚者，为了获取竞争优势，不惜泄露公司的商业机密，给公司带来巨大的损失。

陷入恶性竞争的职场人往往会陷入一种疲惫和焦虑的状态。他们不仅要花费大量的时间和精力应对工作中的挑战，还要时刻小心竞争对手投下的绊脚石。这种不正当竞争行为不仅影响了个人的职业发展，还会破坏团队的凝聚力和协作氛围。当团队成员之间充满猜忌和敌意时，工作效率和质量必然会受到严重影响。

三、破局之道：奋进的智慧与艺术

1. 低头是能人的智慧：在论资排辈中沉淀自我

在论资排辈盛行的环境下，一味地反抗和抱怨往往无济于事。有时，低头并不是懦弱，而是一种智慧，是在积蓄力量，等待时机。我们可以利用这段时间，深入学习专业知识，提升自己的技能水平。比如，一位年轻的程序员小李，进入公司后发现晋升机会多被老员工占据。但他没有气馁，而是主动申请参与公司内部的技术攻关项目。在工作中，他虚心向老员工请教，同时利用业余时间学习最新的编程技术。在这个过程中，他不仅提升了技术能力，还赢得了同事和领导的认可。这种低头沉淀的方式，让他在后续工作中脱颖而出，为晋升打下了坚实的基础。

2. 借势是勇者的艺术：在论资排辈中寻找助力

借势，是指借助他人的力量和资源来实现自己的目标。在论资排辈的职场中，我们可以寻找那些认可我们能力的上级领导、行业前辈或者导师，借助他们的支持和推荐，获得更多展示自己的机会。例如，一位有能力的市场经理小王，所在的公司论资排辈现象严重。他通过参加行业研讨会，结识了一位业内资深专家。在与专家的交流中，小王的专业见解和创新思维得到了专家的赏识。专家在与小王公司的领导交流时，对小王的能力给予了高度评价。这使小王获得了领导的关注，得到了更多参与重要项目的机会，最终成功晋升。

3. "巧扮狐狸假虎威"：在不正当竞争中保护自己

"巧扮狐狸假虎威"并不是让我们去使用不正当手段，而是要学会利用规则和资源来保护自己。当遭遇不正当竞争时，我们要善于利用法律武器和公司的规章制度来维护自己的权益。比如，小张在业绩竞争中被同事恶意诋毁，他没有选择以牙还牙，而是冷静地收集同事诋毁他的证据，如聊天记录、邮件等。然后，他向公司领导和人力资源部门反映了情况，详细说明了事情的经过，并出示了相关证据。公司对该同事的不正当竞争行为进行了严肃处理，小张也因此得到了公正的对待，继续专注于自己的工作，最终实现了晋升。

4. 化敌为友：在不正当竞争中寻求合作

在竞争激烈的职场中，我们可以尝试将竞争对手转化为合作伙伴。当我们遭遇不正当竞争时，不妨主动与对手沟通，了解对手背后的动机和需求。也许我们可以找到双方的共同利益点，通过合作实现共赢。例如，两位销售代表在竞争同一客户资源时，其中一位发现另一位之所以采取不正当手段，是因为他面临业绩压力。于是，他主动与对方沟通，提出共同开发客户资源，根据各自的优势分工合作的建议。最终，他们成功拿下了客户，双方都获得了业绩提升，也避免了恶性竞争带来的不良后果。

低头是能人的智慧，借势是
勇者的艺术

 **核心项目被老员工占据，**
新员工只能做杂事

 青铜

☆凭什么这个重要项目又给老员工？我的能力也不差，业绩突出，这次就该轮到我了。领导你只看资历不看能力，这太不公平了我抗议！

 王者

★领导，我知道公司在项目分配上有公司的考量，老员工经验丰富，确实能更好地把控项目。我也一直希望能在项目管理中锻炼自己、提升能力。最近我针对这个项目涉及的领域做了很多研究，学习了××（列举相关技能或知识），您看能不能给我安排一些辅助工作，为项目出份力，也让我在实践中积累经验，以后有机会能承担更重要的任务。

★领导，这次项目分配虽然让我有些遗憾，但我尊重公司的安排。我一直关注行业动态，发现××（结合行业趋势，阐述对项目的新想法或见解），我把这些思路整理成了一份文档，您有空的时候能不能帮我看看，给我一些指导？如果后续有相关项目，我也希望能凭借自己的努力和积累的知识，为公司创造价值。

场景 2 晋升机会因论资排辈给了他人

青铜

☆这次晋升又没我的份，就因为我来公司的时间短吗？我的能力也不比老员工差。这晋升太不公平了，我在这干着还有什么意思！

王者

★领导，得知这次晋升结果后，我心里确实有些失落。但我知道公司有自己的晋升标准，论资排辈也是其中一部分。接下来我会更加努力工作，在××（列举工作目标和计划）方面下功夫，提升自己的业务能力。同时，我也希望您能给我一些建议，告诉我还需要在哪些方面改进，以便下次有机会得到晋升。

 **老员工经常在会议上抢功劳，自己明明是主要贡献者**

 青铜

☆你怎么又在这抢功劳！这个项目我付出了多少心血你不知道吗？每次都把功劳往自己身上揽？

 王者

★前辈，我理解您想突出在团队中的成绩，也很高兴您的项目能取得成功。不过，我确实在这个项目中承担了一些关键任务，也取得了一些突破性的成果。我想，我们是不是可以找个机会，向领导更全面地汇报一下项目的情况，包括每个人的具体贡献呢？

 **老员工总是以资历为由阻碍新方案的实施**

 青铜

☆你别老是拿资历压人好不好！时代在进步，你的老一套早就过时了，我的新方案明明能提高工作效率，你非得拦着，你这是在阻碍团队发展！

 王者

★前辈，您为公司做出了很多贡献，我们都非常敬佩您。公司正是因为有像您这样经验丰富的老员工，才能稳步前行。我理解您可能对新事物有一些顾虑，但正是因为不断尝试和创新，我们才能在竞争激烈的市场中保持领先。我想，我们能不能一起坐下来，详细讨论一下这个新方案的可行性呢？也许我们可以结合您的经验和我的新思路，找到一个更好的办法。我相信，通过我们的共同努力，一定能够让这个新方案更好地服务于公司的发展。

★前辈，您在公司这么多年，对各项业务都了如指掌，您的经验是我们的宝贵财富。我提出这个新想法，绝不是否定您的经验，而是想尝试一些新的思路，为团队创造更多价值。我希望您能再给我一些时间，让我把这个想法进一步完善，结合您的经验和建议，制定一个详细的实施方案。然后我们一起向领导汇报，听听领导的意见，您觉得这样可以吗？

 **老员工在工作中经常指使你处理琐碎的事务**

 **青铜**

☆你凭什么老让我做这些琐碎的事？我自己的工作还有一堆呢！别以为自己资历老就可以随便使唤人，我又不是你的助理！

王者

★前辈，我特别理解您工作忙，可能有些琐碎的事务确实让您分身乏术。我自己手头有××（列举自己正在进行的重要工作），这些工作对我来说也很关键。不过我也特别珍惜向您学习的机会，要不这样，等我把手上的紧急工作完成，再帮您处理这些事务，您看这样可以吗？

老员工经常以资历为由，对你的工作指手画脚

 青铜

☆你别对我的工作指手画脚的，好吗？我知道自己在做什么，不用你多管闲事，管好你自己吧！

 王者

★关于这项工作，我有自己的计划和想法，也在按照公司的要求和标准来推进。我很愿意听取您的意见，也希望我们能一起讨论，找到既符合公司利益，又能让大家都满意的工作方法。

老员工在团队中总是倚仗资历，占据重要资源

 青铜

☆你怎么又把重要资源都占了？就因为你资历老，每次都这样，你有没有考虑过我们其他人的需求？太自私了吧！

 王者

★前辈，一直以来我都特别敬重您。这个项目您能参与，我们感到特别高兴。不过团队里其他成员也都有自己负责的重要板块，像××（列举其他成员的关键工作内容及所需资源），也需要一些关键资源支持。您看我们能不能一起商量个办法，根据项目各个环节的实际需求，合理分配这些资源，这样既能发挥您的经验优势，也能让项目顺利推进，您觉得呢？

 **场景 8　领导总是把培训机会优先给老员工**

 **青铜**

☆领导，你怎么每次都把培训机会给老员工啊？我也很想提升自己，为公司多做贡献，你就不能考虑一下我们这些年轻员工吗？

 **王者**

★领导，我理解您对老员工很重视，但新员工也需要通过培训来成长，这样能为团队带来更多的新思路和活力。能不能也适当考虑给新员工一些机会呢？

"巧扮狐狸假虎威"

场景 1　客户资源被同事恶意抢夺

青铜

☆这个客户一直是我在跟进，你这不是抢我的业绩吗？太过分了，以后别想我再和你合作！

王者

★客户资源对业绩很重要，我跟进××（客户名字）很久了，在×××（列举跟进动作）后，客户已经有明确的成交意向，相关记录我都留存了。咱们是不是和领导说一下这个情况，避免重复投入？当然了，如果公司有新安排，我也会服从的，只是不想让客户对咱们公司的形象产生怀疑，你觉得呢？

场景 2　　会议中被同事质疑项目贡献

青铜

☆你凭什么说我的贡献少？我明明做了很多工作！

王者

★客户对我们的合作非常满意，特别提到了我负责的部分对项目的成功至关重要，领导也多次表扬我在这个项目中的努力。具体细节我们可以会后详细交流，确保大家都清楚各自的工作成果。

场景 3　　同事在背后散布关于你的谣言

青铜

☆你为什么要在背后说我的坏话？你这样做有意思吗？等着瞧！

王者

★最近听说了一些关于我的不实传言，我想这可能是个误会。领导一直强调团队要团结，要注重事实。我们可以找个时间，把事情说清楚。要是有什么问题，我们也能一起向领导解释，避免影响团队氛围，你觉得呢？

 **场景 4** ## 同事故意在会议上提出难题，企图让你出丑

 青铜

☆你这不是故意为难我吗？别以为我不知道你什么心思！

 王者

★你的问题很有价值，这让我想起之前和客户沟通时，客户也表达过类似的担忧。据我们了解，客户更关注的是×××（阐述客户关注的重点内容）。为了满足客户需求，我们在工作中进行了×××（列举工作调整或优化措施）调整。通过这些努力，客户对我们的工作成果非常认可。我可以结合客户的反馈，给大家详细解释一下我是如何应对这类问题的，相信这对我们的后续工作也会有所帮助。

 **场景 5** ## 同事在他人面前贬低你的工作成果

 青铜

☆你怎么能在别人面前说我工作成果不行？你这是故意拆我台，有什么意见你冲我来，别在这儿惹是生非，你太过分了！

 王者

★大家对我的工作成果可能有不同的看法，对此，我想做一下

说明。之前和客户沟通时，客户明确表示×××（阐述客户的核心需求），我也是围绕这些需求开展工作的。领导在审核方案时，对×××（列举方案中的关键部分）给予了肯定，认为这个方案能为公司带来利润。我可以把我的思路分享给大家，大家一起进步。

★咱们的初衷都是给客户提供优质服务，但是可能各自的理解有所不同。我在做这个工作时，参考了××（专家名字）在×××（相关领域）的专业建议，比如×××（具体阐述专家建议在工作成果中的应用）。专家也认为这种方式能有效解决客户目前面临的×××（具体问题）。要不我们都谈一下自己的看法，不要引起误会。

★领导一直很认可我在这个项目中的付出，我相信他会支持我澄清事实。

场景 6　同事抢先提交项目方案

 **青铜**

☆方案大部分是我做的，你怎么能先提交？你赶紧跟领导说清楚，不然我跟你没完!

 王者

★咱们都想为项目出一份力，这次你抢先提交方案，我想你肯定有自己的考虑。不过在项目筹备期间，领导多次和我沟通，强调×××（列举领导重点关注的内容），我在方案设计里针对这些要点做了详细规划，比如×××（具体阐述方案中体现领导关注的部分）。我们可以一起找领导，把各自方案的思路和优势都讲清楚，请领导选出最适合的项目方案，你看怎么样？

 **场景 7　被同事诬陷泄露机密**

 青铜

☆你胡说八道什么！我怎么可能泄露机密，你这是故意陷害我！

 王者

★你诬陷我，对团队和公司都不好。接触机密前，我咨询过法务专家××（专家名字），并一直按照××的建议操作，××能作证。我们一起找领导和××评判，怎么样？

 **场景 8　同事在项目中故意拖延进度，影响你的工作**

 青铜

☆你到底怎么回事？一直拖着进度，我这边工作都被你耽误了，你能不能有点责任心，别再拖了！

 王者

★这个项目领导盯得紧，要求我们在××（具体时间）前完成关键部分，现在进度滞后，领导已经关注了。要不我们一起梳理一下任务要点，加快推进工作，要是有困难也及时向领导汇报，你看呢？

 **场景 9　同事在项目中故意隐瞒重要信息**

 **青铜**

☆你怎么能隐瞒这么重要的信息呢？你不仁就别怪我不义！

王者

★专家团队对我们的项目一直很关注，他们也需要及时了解项目的最新进展。我想我可以请专家团队帮忙监督一下信息共享的情况，确保大家都能够及时获取重要信息。

★领导一直强调信息透明和沟通的重要性，我想你可能是有些疏忽才这样做的。现在有些关键信息缺失，影响项目推进，领导已经过问了。咱们把信息整合一下，一起向领导汇报进展，你看怎么样？

职场实用小工具

职场个人竞争力分析框架

一、核心优势分析

专业技能：

列出自己掌握的专业技能，包括硬技能和软技能。

评估这些技能在当前职场中的稀缺性和价值。

工作经验：

回顾自己的工作经历。

提炼具有代表性的成功案例，展示自己解决问题的能力和工作成果。

个人特质：

分析自己的性格优势，如沟通能力、团队合作精神、领导力等。

思考这些特质如何在职场中发挥作用，以及如何进一步提升。

二、劣势识别与改进

技能缺口：

对比目标岗位或行业要求，找出自己目前缺乏的关键技能。

分析技能短板对职业发展的影响，制定有针对性的学习计划。

知识盲区：

关注行业动态和技术趋势，找出自己需要更新的知识领域。

通过阅读、参加培训以及实践等方式消除知识盲区。

行为习惯：

识别可能影响职业发展的不良行为习惯，如拖延、消极怠工等。

制订改进计划，逐步纠正这些不良行为习惯。

三、忧患意识增强

行业竞争：

分析竞争对手的优势和劣势，识别潜在的竞争威胁。

制定有针对性的竞争策略，提升自己的行业竞争力。

技术变革：

关注新兴技术发展趋势，评估这些技术对所在行业的影响。

提前学习和掌握相关技术，以增强自己的竞争力。

经济环境：

分析当前经济环境的变化和趋势，识别潜在的经济风险。

制定相应的措施，如调整职业规划、提升技能等，以应对经济环境的变化。

四、个人品牌建设

职业形象：

塑造专业、积极的职业形象，展示自己的专业能力和价值。

通过个人网站或博客等社交媒体，展示自己的作品、项目经验和专业知识。

人脉拓展：

积极参加行业活动，结识同行和专家，拓展人脉。

与他人建立良好的人际关系，互相分享经验和资源，实现共赢。

口碑传播：

提供优质的服务，赢得他人的认可和信任。

主动分享自己的职业经验和成就，扩大自己的影响力。

第二节　考核重压下的生存智慧

在竞争激烈的职场环境中，考核如同一把高悬的达摩克利斯之剑，给职场人带来了无形的压力。严苛且复杂的考核指标，使许多人陷入焦虑的旋涡；部分人为了应付考核一味埋头苦干，而忽视了职业素养的提升。如何在重重困境中破局，成为每一位职场人亟待思考的问题。

一、职场考核：严苛与多变的双重挑战

职场考核是评价员工工作表现、激励员工积极进取的重要手段。随着市场竞争日益激烈以及企业管理不断精细化，职场考核的指标也变得越来越多样化。考核项目包括基本的业绩指标、客户满意度、团队协作能力、创新能力等，每一个指标都像一把尺子，衡量着职场人的综合素质和能力。

这些严苛且复杂的考核指标，无疑给职场人带来了巨大的压力。一方面，他们要时刻关注自己的业绩表现，生怕不能达标；另一方面，他们还要应对各种突如其来的考核变化，比如考核标准的调整、考核内容的增加等。长期处于这种高压状态，不仅会影响职场人的身心健康，还会导致他们的工作效率和创造力下降。

二、盲目忙碌：职场人的无奈与困惑

面对职场考核的重压，许多职场人选择了盲目应对。他们每天加班加点，忙得"不亦乐乎"，似乎只有这样，才能让自己在考核中脱颖而出。

事实上，很多职场人在盲目应对中迷失了自己。他们虽然投入

了大量的时间和精力，但却没有明确的工作目标和计划，只是机械地完成一项又一项任务。这种缺乏针对性的工作方式，不仅无法有效提升业绩，还可能让职场人在忙碌中失去自我提升的机会。更糟糕的是，盲目忙碌还可能让职场人陷入"伪勤奋"的误区。这种"伪勤奋"不仅无法带来实质性的成果，还会让职场人产生一种错觉：自己明明很努力，为什么还是得不到认可和提升？这种困惑和挫败感会进一步加剧职场人的焦虑情绪。

三、生存智慧：如何在考核的重压下找到出路

那么，如何在职场考核的重压下找到生存的智慧呢？这需要我们具备一种全局性的视角和战略性的思维，从多个方面入手，全面提升自己的职业素养和综合能力。

1. 明确目标，制订计划

面对职场考核的严苛指标，我们首先要明确自己的工作目标。这些目标应该是具体的、可量化的，并且与公司的整体战略和部门的工作计划相契合。然后，将目标分解为一个个可操作的任务，并按照优先级和时间节点进行合理安排。这样，我们就能在工作中做到有的放矢，避免盲目忙碌。

2. 提升效率，优化时间管理

时间管理是职场人必备的一项技能。在有限的时间内完成更多的工作，是提升工作效率的关键。我们可以通过制订合理的工作计划、优化工作流程、减少不必要的会议等方式，提高自己的工作效率。同时，我们还要学会拒绝一些无关紧要的任务和请求，避免把时间和精力浪费在琐碎的事情上。

3. 加强沟通，促进团队协作

职场不是一个人的战场，而是需要团队协作的智慧舞台。在职场中，我们需要与同事进行良好的沟通和协作，共同完成任务和目标。通过有效的沟通，我们可以及时了解他人的需求和想法，避免误解和冲突；通过团队协作，我们可以充分发挥每个人的优势和特长，形成合力，共同应对挑战。

4. 持续学习，提升职业素养

职场是一个不断变化和发展的环境，我们需要不断地学习和提升自己的职业素养，才能适应这种变化。我们可以通过参加培训、阅读书籍、参加行业会议等方式，拓宽自己的视野和知识面；通过实践和经验积累，提升自己的专业技能和解决问题的能力。只有不断地学习和进步，我们才能在职场中立于不败之地。

5. 调整心态，保持积极乐观

职场考核虽然严苛且复杂，但我们不能因此而感到焦虑和沮丧。相反，我们应该把考核看作一种机遇，通过不断的努力和进步，提升自己的职业素养和综合能力。同时，我们还要学会自我放松，适时地休息和娱乐，保持身心平衡。

携他人之辉，铸自我华梦

场景 1　季度绩效考核临近，任务指标未完成

青铜

☆唉，这次考核肯定完了，这么多任务没完成，我直接跟领导说做不了。

王者

★小张，我看你最近也在加班加点赶进度，咱们一起梳理一下剩余的工作，互相帮忙分担一些，共同渡过这个难关。

★李经理，我能否向您请教一下，之前您是如何高效管理时间，完成类似高难度任务的？我想学习您的经验，以便更好地应对这次考核。

 **场景 2   考核标准突然变化，感到迷茫**

 青铜

☆这考核标准怎么说变就变，太烦人了，我不想干了。

 王者

★张姐（人事部门负责人），我注意到考核标准有调整，能不能详细解释一下变更要点，以便我更快地适应新标准的要求。

 **场景 3   考核中遇到不公正的评价**

 青铜

☆这个评价太不公正了，肯定是有人针对我，我不服！

 王者

★我觉得这次考核可能有些主观因素存在，咱们能不能一起看看客观数据，比如我的工作成果、项目完成率等，以便更客观、全面地评价我的工作？

 **考核前突发个人问题，**

无法正常工作，向领导请假

 **青铜**

☆领导，我家里突然出事儿了，这几天干不了活儿了，考核的事儿你看着办吧。

王者

★领导，我这边出了点状况，×××（详细说明个人问题），导致我无法正常工作。我知道考核临近，工作业绩很重要。我已经和客户那边沟通过了，客户表示理解我的情况，并愿意给我一些时间处理。我也会把与客户的沟通记录和相关工作情况整理好交给同事，确保工作顺利交接。希望您能批准我请假，我在解决好个人问题后，会第一时间投入工作，争取不耽误考核。

 **考核前临时接到紧急任务，**

打乱原计划

青铜

☆考核时间马上就要到了，又给我安排紧急任务。这不是故意为难我吗？

王者

★×××（同事名字），真不好意思，麻烦你了。我接到领导安排的紧急任务，考核准备被打乱了。我听说你在×××（相关工作领域）有丰富的经验，想向你请教一些高效完成工作的方法，希望在完成紧急工作的同时，不耽误考核准备。我忙完这阵，一定好好感谢你，希望你能帮助我。

场景6 考核结果与同事差距大，感到沮丧

青铜

☆我怎么跟你差这么多，那我之前的努力算什么？

王者

★×××（同事名字），看到你的考核成绩，我由衷地佩服。我反思了自己的不足，发现我在×××（具体工作技能或工作习惯）上和你有差距。我听说你之前参加过×××（相关培训或学习经历），对提升这方面能力很有帮助。你能不能给我讲讲具体情况？要是有什么建议也尽管提，我一定虚心接受。

场景7 考核指标变化导致之前的工作计划失效

青铜

☆考核指标变了，我之前的工作计划全白费了，气死了！

 **王者**

★我会从客户和团队的角度出发，重新审视自己的工作，找到那些依然有价值的部分，继续推进。同时，我也会主动与领导沟通，了解新的考核指标的要求，确保自己的工作方向正确。

场景 8 与人力资源部沟通申请额外的 考核培训

 **青铜**

☆你们能不能给我安排些考核培训啊？考核指标这么复杂，我根本不理解，不参加培训我肯定完不成考核！

 **王者**

★您好，我对考核指标进行了全面分析，发现自己在××（关键能力）上有所欠缺，这可能会影响我的工作表现和考核结果。我和团队领导沟通过，领导也认可我参加培训提升能力的想法。我了解到公司有一些内部培训资源和外部合作培训机构，您在培训资源协调和员工发展规划方面经验丰富，能不能帮我制订一个适合我的培训计划，让我能更好地应对考核，为团队和公司做出更大贡献？

事以密成，语以泄败

 **场景 1** 同事问你业绩情况，
想用你的成果应付考核

 青铜

☆你这是想偷我的成果吧，我可不会告诉你！

 王者

★我明白你可能在为考核着急，但我也有自己的考核压力。我
可以和你分享一些工作方法和经验，帮助你提升业绩，但我的工作
数据需要保密，希望你能理解。

 **场景 2　领导询问你对考核指标的看法**

 青铜

☆我觉得这些指标太不合理了，根本没法完成！

 **王者**

★我认为这些考核指标虽然很有挑战性，但也为我们提供了成长的机会。我会努力去适应这些指标要求，并在工作中不断优化方法。同时，我也会定期向您汇报进展，希望您能给予指导。

 **场景 3　同事暗示你分享一些关键数据以应对考核**

 青铜

☆你想让我泄露数据，没门！

 王者

★你可能需要这些数据来优化自己的工作，但这些数据是公司机密，我不能随意分享。我可以和你一起探讨如何通过合规途径获取相关数据。

★你可能因为考核有点着急，但我不能泄露这些关键数据。不过，我可以和你分享一些行业动态和市场趋势，帮助你找到新的方向。

 **场景4** 领导让你在团队中分享你的工作成果

 青铜

☆我还不想公开，这会影响我的考核结果！

 王者

★我很高兴有机会和大家分享我的工作成果，但我希望能在项目结束后先进行系统的总结，使分享的内容更具有价值。

★我很愿意和大家分享我的工作成果，但目前项目还在攻坚阶段，我需要集中精力确保项目成功。项目结束后，我会第一时间和大家分享我的经验和成果。

 **场景5** 同事问你是否愿意合作完成一个考核任务

 青铜

☆我怕你抢我的功劳，不想合作！

 王者

★我很愿意和你合作，相信通过团队合作，我们一定能更好地完成任务。我们可以明确分工，各司其职，确保任务顺利完成，同时也能为团队创造更多价值。

★我很乐意和你合作，我们可以一起探讨如何提高工作效率，

确保任务按时完成。我相信通过合作，我们不仅能完成考核任务，还能提升自己的能力。

场景 6　与客户沟通考核期间的工作安排

青铜

☆最近公司在进行考核，我忙得焦头烂额，可能没办法像以前那样及时回复您的消息了，您多担待。

王者

★您放心，不管公司内部如何变动，您这边的业务始终是我的工作重点。这几天我在梳理工作流程，希望更高效地为您服务。要是您有紧急事务，请随时联系我，我会以最快的速度回复您。

场景 7　同事邀请你一起吐槽考核制度

青铜

☆考核制度根本不合理，也不知道公司怎么想的，咱们一起去跟领导反映，说不定能改一改。

王者

★吐槽可能解决不了问题，不如我们一起想一想怎么利用考核制度提升自己。我正在分析考核指标，挖掘其中的成长机会，等我整理出有用的内容，再和你分享，咱们一起进步。

 **场景 8** **同事在考核前向你炫耀自己的准备情况**

 青铜

☆哼，你炫耀什么？我比你准备得更充分，到时候看谁厉害！

 王者

★你准备得这么充分，真的很让人佩服。我相信你的努力一定会有回报。我也有几个小技巧，要不我们交流一下，说不定能互相启发呢。

★你准备得真好，我也要加油了，不然就会被你远远地甩在后面了!

 **场景 9** **同事频繁找你帮忙处理任务，导致你的工作进度滞后**

 青铜

☆你怎么老是把活儿甩给我？自己的事情不能自己做吗？

 王者

★我很理解你最近任务重，但我手头的工作优先级也很高。建议我们先同步一下各自的进度，如果确实需要他人协助，可以和领导沟通一下，请他协调解决人手问题。

场景 10　开会时同事公开否定你的方案，并质疑你的专业能力

青铜

☆你行你上啊！不懂就别乱批评，我的方案轮不到你指手画脚！

王者

★感谢你提出不同的看法，方案本身就需要多方优化。能否请你具体说说哪里需要调整？我们可以结合你的建议重新评估方案，找到最符合团队目标的解决办法。

职场实用小工具

时间管理表

1. 每日任务清单

每日任务清单可以帮助你明确每天的工作重点，并确保重要任务优先完成。

时间段	任务内容	预计时间	实际时间	完成情况
08:00—09:00	检查邮件，回复紧急邮件	1小时		
09:00—11:00	项目A：完成需求分析	2小时		
11:00—12:00	团队会议：讨论项目进展	1小时		
12:00—13:00	午餐休息	1小时		
13:00—15:00	项目B：编写代码	2小时		
15:00—16:00	项目A：与客户沟通需求细节	1小时		
16:00—17:00	总结当天工作，计划第二天任务	1小时		

2. 周计划表

周计划表可以帮助你从宏观的角度规划一周的工作，确保重要任务和紧急任务都能得到合理安排。

星期	任务内容	预计时间	优先级	备注
周一	项目A：需求分析	4小时	高	
周二	项目B：编写代码	6小时	中	
周三	项目A：客户沟通	2小时	高	
周四	项目B：代码测试	4小时	中	
周五	项目A：撰写报告	3小时	高	
周六	个人学习：新技能	2小时	低	
周日	休息			

3. 月计划表

月计划表可以帮助你从更长远的角度规划工作，确保每月的目标都能按时完成。

日期	任务内容	预计时间	优先级	完成情况
1—7日	项目A：需求分析与客户沟通	10小时	高	
8—14日	项目B：编写代码与测试	20小时	中	
15—21日	项目A：撰写报告与提交	15小时	高	
22—30日	项目B：优化代码与总结	10小时	中	

给未来职场的自己写一封信

现在，请你闭上眼睛，想象一下未来的自己在职场中取得了巨大的成功。你已经实现了自己的职业目标，成为了自己想成为的人。那么，现在的你有什么话想对未来的自己说呢？

写下你的期望：你希望未来的自己在职业技能、人际关系、个人成长等方面达到什么样的高度？把这些期望写下来，作为你未来努力的方向。

回顾与展望：回顾自己从阅读这本书开始到未来成功的这段历程，你觉得自己最大的收获是什么？对未来的职场生活，你又有哪些新的期待和规划？

把这封信保存好，当你在未来的职场中遇到困难和挫折时，不妨拿出来看看，提醒自己曾经的梦想和目标，给自己加油打气。

亲爱的自己：